« Jacques Bonhomme avait deux francs qu'il faisait gagner à deux ouvriers, mais voici qu'il imagine un arrangement de cordes et de poids qui abrège le travail de moitié, donc il obtient la même satisfaction, épargne un franc et congédie un ouvrier. Il congédie un ouvrier, *c'est ce qu'on voit*... Mais derrière la moitié du phénomène *qu'on voit*, il y a l'autre moitié *qu'on ne voit pas*. On ne voit pas le franc épargné par Jacques Bonhomme et les effets nécessaires de cette épargne, puisque, par suite de son invention, Jacques Bonhomme ne dépense plus qu'un franc en main-d'œuvre, à la poursuite d'une satisfaction déterminée, il lui reste un autre franc. Si donc il y a dans le monde un ouvrier qui offre ses bras inoccupés, il y a aussi dans le monde un capitaliste qui offre son franc inoccupé... L'invention et un ouvrier payé avec le premier franc, font maintenant l'œuvre qu'accomplissaient auparavant deux ouvriers. Le second ouvrier, payé avec le second franc réalise une œuvre nouvelle. Qu'y-a-t-il donc de changé dans le monde? Il y a une saticfaction nouvelle de plus ; en d'autres termes, l'invention est une conquête gratuite, un profit gratuit pour l'humanité... Elle donne pour résultat définitif un accroissement de satisfaction à travail égal.

Qui recueille cet excédant de satisfaction? C'est d'abord l'inventeur, le capitaliste, le premier qui se sert avec succès de la machine, et c'est là la récompense de son génie et de son audace. Danc ce cas, ainsi que nous venons de le voir, il réalise sur les frais de production une économie, laquelle de quelque manière qu'elle soit dépensée (et elle l'est toujours) occupe juste autant de bras que la machine en a fait renvoyer. Mais bientot la concurrence le force à baisser son prix de vente dans la mesure de cette économie elle-même. Et alors ce n'est plus l'inventeur qui recueille le bénéfice de l'invention, c'est l'acheteur du produit, le consommateur, le public y compris les ouvriers, en un mot l'humanité, et ce *qu'on ne voit pas*, c'est que l'épargne ainsi procurée à tous les consommateurs forme un fonds où le salaire puise un élément qui remplace celui que la machine a tari. »

Frédéric Bastiat. — (*Ce qu'on voit et ce qu'on ne voit pas, ou l'Economie politique en une leçon*).

ESSAI

SUR LA

FILATURE MÉCANIQUE

DU LIN

Par A. R.

« Il n'y aura jamais assez de machines. »
Économie politique. — Garnier, prof. à l'Ecole sup. du Commerce.

LILLE
J. CARON, ÉDITEUR, PLACE DE STRASBOURG
1872

ESSAI

SUR LA

FILATURE MÉCANIQUE DU LIN

CHAPITRE PREMIER.

Culture et récolte du Lin.

On désigne sous le nom de *Lins* un groupe de plantes qui se trouvait il y a quelques années dans la famille des Cariophyllées et qu'on en a séparé pour en former celle des *Linées*. La plupart des espèces de cette famille présentent une fibre ligneuse et corticale, longue, souple, élastique et très-facile à transformer en fil. Néanmoins, bien qu'on connaisse une cinquantaine de ces plantes qui fournissent des tissus à divers pays, la seule espèce vraiment cultivée est celle que l'on connait en histoire naturelle sous le nom de *Linum usitatissimum*.

Le lin remonte à une époque très-ancienne. C'est une plante originaire du plateau de la Haute-Asie, d'où elle se répandit à une époque reculée dans plusieurs contrées de l'Orient et du Nord de l'Afrique ; elle nous vint en Europe par l'Italie et de là se propagea dans le monde entier.

Les Égyptiens, qui avaient l'habitude d'honorer leur grands

hommes en les déifiant, adorèrent sous le nom d'Isis, celle qu'ils supposaient avoir découvert le lin sur les bords du Nil et qui leur avait enseigné la culture de cette plante.

Aujourd'hui, les principaux pays liniers sont la France, la Belgique, l'Allemagne et la Russie.

Du lin en général. — Cette plante est haute de 0^m 60 cent. à 1^m; sa tige est simple, lisse et cylindrique, elle porte, lorsqu'elle est en terre, de petites feuilles aïgues semblables à celles des graminées; on remarque que ces feuilles sont disposées en corinde. La *fleur* du lin est petite, d'un beau violet, et présente au point de vue botanique un calice à cinq cépales, une corolle à cinq pétales renfermant cinq étamines et un pistil. Le *fruit* est une petite capsule à cinq lobes dont chacune renferme une *graine*.

Cette graine est une matière commerciale tres-importante; elle est petite, brune, brillante, et contient sous l'épiderme une amande très-huileuse. On obtient de ces semences une huile siccative très-employée en peinture et dans le broyage des couleurs, et qui diffère de propriétés selon qu'on l'extrait à froid et à chaud. A froid, elle est douce, entre dans l'industrie et est toujours employée en médecine. A chaud, elle a un goût âcre et nauséabond, une odeur faible et une consistance visqueuse. On utilise encore cette semence pour faire de la *farine de lin.*

Si nous examinons au microscope la structure d'une tige, nous la trouverons formée de fibres tubulaires et longitudinales, retenues ensembles par une *matière* visqueuse dite *gommorésineuse*, et enveloppées d'un tissu excessivement mince appelé *chenevotte.* Ce sont les débris de ce tissu que dans l'art du filateur on appelle la paille du lin.

Du Sol. — Un sol préparé d'avance, bien labouré, bien ameubli et surtout nettoyé, forme le principe indispensable de la culture du lin. Mais le labour ne doit se faire qu'une fois, lorsque les semailles ont lieu sur pré rompu ; deux et même trois fois dans le cas contraire.

De grands soins sont aussi nécessaires lorsqu'on fume le terrain. Tout d'abord il est bon de dire que les engrais ne doivent être placés qu'en Octobre ou Septembre, à quatre ou cinq mois des semis ; toutefois, dans le cas d'oubli de la part du cultivateur, on peut fumer presque à l'époque des semailles, mais en se servant d'engrais liquides.

De quelque manière que l'on fume, on doit autant que possible répartir le fumier uniformément. Car le lin, matière éminemment commerciale, doit fournir autant que possible des tiges d'égale longueur. Or, les graines médiocrement nourries seront plus faibles que celles que recouvre tout l'engrais, elles n'auront ni la même force, ni la même hauteur.

Le principal engrais employé pour le lin dans le département du Nord est le guano du Pérou ou encore le produit des vidanges. Dans tous les cas, et comme principe général, le fumier doit autant que possible se rapprocher de la composition de la matière qu'il nourrit. Depuis 1850, l'engrais suivant est employé en Angleterre; il est à bon marché et contient la plupart des éléments constitutifs de la matière première, nous ne pouvons qu'en conseiller l'emploi :

PRODUITS.	QUANTITÉ PAR HECTARE.		PRIX.	
Os pulvérisés	24 kil.	50	4 fr.	»
Chlorure de potassium . . .	13	61	2	95
Sel marin	21	77	0	50
Plâtre blanc pulvérisé . . .	15	42	0	70
Sulfate de magnésie	25	40	4	90
	100 kil.	70	13 fr.	05

Quelques-uns des ces produits, dont le prix tend à baisser de jour en jour, rendront cet engrais encore moins coûteux.

De l'ensemencement. — Le lin se sème dans le Nord à deux époques, vers le 15 Mars et le 12 Mai. Les lins de Mars se récoltent à fin Juillet et sont les meilleurs, les lins de Mai s'arrachent à la fin de l'année et sont les moins beaux. A cause des fréquentes variations de l'atmosphère, les cultivateurs profitent souvent d'un beau temps et sèment le lin plus tôt.

Le lin se sème à la volée, le plus souvent sous un beau soleil. Dans les saisons pluvieuses, on est quelquefois obligé d'agir autrement.

La graine de lin est une substance qui dégénère par elle-même quand elle se trouve semée dans le même terrain. Il faut qu'elle soit renouvelée tous les trois ans; aussi nous importons pour ce changement un grand nombre de graines provenant des provinces des environs de Riga et de la Courlande. Elles arrivent en sacs marqués d'initiales connues et indiquant la provenance et l'année. Les premiers semis qui se firent en France, ce qui n'eut lieu qu'au blocus continental, dûrent se faire avec des semences qui nous venaient des pays du Nord, de la Livonie et des bords de la Baltique.

Mais toutes ces graines russes doivent être semées en moins grande quantité que celles du pays; on compte généralement qu'un hectare demande trois hectos de nos semences indigènes, tandis que si l'on veut se servir des graines étrangères deux hectos et demi suffisent.

Certains marchands utilisent les fonds des sacs ou les graines avariées, pour les vendre au même prix que les bonnes semences: les cultivateurs devront se méfier de cette fraude.

Culture du lin. — Les résultats à obtenir d'après la culture du lin sont de trois sortes; où on cultive pour obtenir la filasse seule, ou la graine seule, ou encore la graine et la filasse ensemble. La Russie est le seul pays où l'on s'attache principalement aux deux premiers ; en France, on vise aux deux suivants surtout au second d'entre eux.

Dans le cas où on ne désire que la filasse seule, où l'on cultive ce qu'on appelle le *lin en doux*, on récolte plus vite, mais une seule fois.

Dans le cas où l'on cultive la graine seule, on récolte deux ou trois fois, mais la tige devient très-dure et sert peu.

Quand on cultive la filasse et la graine, on doit attendre pour récolter le moment où la capsule et la tige sont bien formées.

La maturité du lin en doux est arrivée quand les feuilles ont jauni et que les fleurs sont tombées, celle du lin en graines, quand la tige est devenue cassante et jaune, la capsule grisâtre et que la semence est passée du vert au brun.

On conçoit que la culture exerce une grande influence sur la production du lin. Cette plante épuise vite la terre et ceci est connu depuis longtemps, car déjà au temps de Pline le Naturaliste on disait que le lin « brûle et amaigrit le terrain. » On pourrait obtenir du lin de belle qualité dans des terres légères, mais la première année seulement, celui de la seconde n'aurait plus la même valeur. C'est à cause de ces inconvénients (qui sont des avantages pour les fermiers qui préfèrent changer la nature de leur semis), qu'il est prudent de ne pas cultiver le lin deux années de suite dans la même terre.

Il ne faut pas que les cultivateurs s'effraient des difficultés de cette culture, car autant elle est désavantageuse dans les mauvaises années, autant elle offre de gains et de profits dans un temps favorable. La réussite de bonnes cultures de lin peut racheter les pertes de plusieurs années ; vendue sur pied, cette plante peut aller de 1200 à 1500 fr. l'hectare.

Récolte. — La récolte du lin présente des difficultés réelles ; de cette opération va dépendre en grande partie la qualité du fil.

On aura soin auparavant, par un sarclage soigné, de dépouiller le terrain des mauvaises herbes qui l'embarrassent; car outre qu'elles pourraient étouffer les tiges en naissant sur le même pied, elles enlèveraient pour leur propre substance une certaine partie de l'engrais destiné à la matière utile. Il faudra, en agissant ainsi, ne jamais briser les tiges du lin, ni en arracher aucune. On attend qnelques jours après ce sarclage pour commencer la récolte.

Cette dernière doit se faire par un beau temps, et comme la température peut varier du jour au lendemain, plusieurs personnes à la fois doivent se réunir pour récolter, afin de finir plus rapidement: elles commencent toujours à contre-vent.

L'époque de la maturité de la plante et par suite le moment de la récolte, varie suivant que l'on veut obtenir du lin en doux ou du lin en graines. Le premier mûrit en Juin vers la fin du mois, et le second s'arrache vers le 25 Juillet ou les premiers jours d'Août.

L'arrachage est une des opérations qui demandent le plus de soin, il a lieu un peu avant la maturité. On déracine le lin par poignées, afin que tout soit rapidement terminé. Des femmes, aidées de deux hommes, font généralement ce travail : les travailleurs arrangent de suite le lin pour le *fanage*.

On emploie dans les divers pays des méthodes variées pour arriver à ce résultat. Les deux meilleures sont celles qui consistent à arranger les tiges par bottes mises debout, ou bien par couches obliques formant entre elles une sorte de toit, jamais il ne faut étendre le lin, car au contact du sol il pourrait fermenter.

Pour mettre le lin en bottes, les femmes en forment de petits paquets d'environ 25 à 30 cent. de circonférence, les hommes qui les suivent reprennent en sous-œuvre ces petites bottes et les placent debout trois par trois. La fermentation devient alors impossible. On écarte les bottes par le pied pour qu'elles puissent se soutenir et on réunit souvent le tout ensemble.

La seconde méthode que nous avons indiquée est de beaucoup préférable, et dans ce cas voici comme on procède : Les ouvrières ne font qu'arracher le lin et le couchent derrière elles à plat par poignées, qu'elles ont soin pour ne pas mêler de croiser les unes sur les autres. Les hommes qui suivent relèvent ces poignées et en forment une sorte de large compas dont ils appuient le sommet sur un bâton fixé en terre. En continuant à placer les tiges les unes à côté des autres, et de chaque côté des faisceaux d'origine, ils en forment deux larges murailles obliques ; au bout de quelques instants, ils retirent le bâton ; relient les deux extrémités du tas de manière à le rendre stable et recommencent un autre toit. Grâce à cette disposition, le vent le plus violent ne pourrait renverser les tiges.

Tous les cultivateurs devraient employer ce dernier procédé. Le fanage s'y fait rapidement, grâce à l'air dont la circulation n'est retardée par aucun obstacle, et comme les côtés de cette muraille sont peu épais, la pluie qui pourrait tomber ne serait pas longtemps retenue. La première méthode a au contraire les deux inconvénients de ne pouvoir être soumise complètement au contact d'un air vif, et aussi de retenir la pluie entre ses parois ; dans ce dernier cas, le désavantage influe sur les opérations suivantes, car le lin subit dans certaines parties une sorte de fermentation qui lui sera nuisible pour le rouissage.

Le fanage est terminé quand la graine est devenue dure et que les tiges ont acquis une certaine raideur. Quand la température a été favorable, tout est fini au bout de huit jours. On rentre alors le lin par un temps sec ; si la pluie venait à tomber en ce moment, il se produirait des tâches très-désagréables à l'œil et que le blanchiment ne pourrait faire disparaître. On a soin de lier sur place le lin avant de le porter à la grange.

C'est là qu'on procède à *l'égrainage* ; 1° soit au moyen d'un peigne de fer, fixé sur un chevalet et dans lequel l'ouvrier passe et repasse les têtes des tiges jusqu'à complète séparation des capsules. Il bat alors ces dernières sur un drap et les vanne pour séparer la graine de l'enveloppe ; 2° soit en battant la tête des tiges sur un billot à l'aide d'un battoir en bois, on vanne alors sur le champ. Le premier système est généralement adopté, car il paraît que la graine se conserve mieux dans son enveloppe.

Mais lorsqu'on cultive le lin pour la filasse seule, il n'y a pas lieu d'égréner. Dans ce cas, on ne fâne même pas le lin, on le rouit sur place après l'arrachage. D'ordinaire, on retourne à la charrue le terrain linier, on y sème une graine de peu de valeur dont on pourra user s'il y a lieu et on étend le lin sur ce champ. On a soin de l'y placer en couches aussi minces et aussi régulières que possible et en ayant soin de rapprocher les tiges les unes des autres. Les opérations suivantes deviennent alors semblables à celles du rouissage sur pré (Chap. II) on devra s'y rapporter.

CHAPITRE II.

Rouissage du Lin.

Le rouissage compte parmi les opérations les plus importantes à faire subir au lin. Il a pour but de déterminer dans la matière une certaine fermentation qui permette de séparer le tégument fibreux de la partie ligneuse.

Il existe plusieurs méthodes pour rouir le lin, dont deux très-connues : le rouissage à l'eau et le rouissage au pré ; nous nous y arrêterons tout d'abord. Nous donnerons ensuite notre attention aux méthodes nouvelles dont quelques-unes sont très-employées et ont pris naissance dans le Nord.

Rouissage à l'eau. — Ce travail se fait, soit à *l'eau courante*, soit à *l'eau dormante*.

Le meilleur rouissage est celui qui s'opère dans une fosse fermée de tous côtés, mais dont l'eau est renouvelée par un mince filet à l'entrée pouvant sortir au dehors par une étroite ouverture.

On met alors le lin dans une caisse entourée au fond et sur les côtés d'une couche de paille. La hauteur de cette caisse varie avec la longueur de la tige, et sa largeur avec la quantité de lin qu'on y introduit : pour 1500 kilog. il faut une caisse de 3 mèt. 25 de haut sur une base de 1 mèt. 90 environ.

Afin de remplir tous les vides, on place les paquets debout, les uns sur leurs racines, les autres la tête en bas, puis on recouvre le tout d'une couche de paille. Comme il est nécessaire que la caisse flotte entre deux eaux, on la fait enfoncer soit à l'aide de pierres dont on la charge, soit au moyen de longues tiges de bois retenues des deux côtés de la fosse par des mortaises à de forts pieux. Entre le fond et la base de la caisse, il ne doit pas y avoir plus de 0,15 à 0,20 centimètres.

La manière de placer la caisse dans le fossé est laissée aux soins du cultivateur. Ordinairement, on lui fait suivre un plan incliné et quand elle est chargée, on la conduit dans l'eau au moyen d'un levier. On peut se servir de plusieurs caisses. La fosse dont on fait usage porte le nom de *routoir*

Il faut prendre soin de surveiller activement les développements de la fermentation. Cette dernière est favorisee par la couche de paille dont on a eu soin d'entourer la caisse, qni par ce moyen se maintient toujours à une température assez élevée. Le lin est en outre préservé par ce moyen de toutes les souillures dont il est susceptible de se charger.

Pour voir le résultat du rouissage, on ôte de la caisse quelques échantillons : si l'on tire par une extrémité le filament en le serrant un peu de l'autre côté, le tégument fibreux doit se détacher complètement de l'enveloppe ligneuse sous forme de ruban. S'il s'en séparait sous forme de filaments déliés, ce serait un signe que la fermentation est trop avancée. Ceux qui ne sont pas habitués à cette vérification dessèchent le lin rapidement, la paille doit alors se séparer sous le moindre effort. Généralement en 10 ou 15 jonrs, le rouissage est terminé.

Il faut alors, si cela est possible, renouveler l'eau de la fosse afin de laver les tiges Ce point a encore son importance. Certains cultivateurs qui enfoncent trop leurs caisses dans l'eau en retirent un lin d'abord mal roui, puisque le rouissage demande l'action de l'air et de l'eau réunis, ensuite très-sale, à cause de la vase qui souvent détériore les brins.

Tel est le *rouissage à l'eau stagnante*. Le seul incouvénient qui existe n'est pas pour le commerçant, mais a rapport à l'hygiène; en un mot, cette méthode est cause d'émanations insalubres et de l'infection des eaux. Les rapports généraux des conseils d'hygiène le blâment fortement. D'après ce qu'ils disent, il serait à désirer que les procédés anciens de rouissage fussent heureusement remplacés par les moyens nouvellement mis en usage, mais encore incertains dans leurs résultats définitifs. Ils conseillent à l'État d'exiger le curage annuel des fossés de rouissage à eau dormante et croupissante; l'éloignement des habitations étant le seul préservatif possible. Néanmoins, un savant éeonomiste, Parent-Duchâtelet, qui a voulu expérimenter par lui-même les mauvais effets de cette méthode sur l'hygiène, n'en a ressenti aucun mal; il en fut de même des membres de sa famille qui le suivirent pour constater le résultat de cette dangereuse expérience. Nous ne pouvons conclure de ce fait particulier à une erreur générale, car on voit tous les jours dans la campagne les effets déplorables de ce système.

Le *rouissage à l'eau courante* est plus hygiénique, mais moins avantageux. La seule précaution à prendre c'est de ne pas placer la caisse où se trouve le lin, en plein courant. On doit choisir les endroits qui, peu éloignés du fond, permettraient à l'eau de se renouveler sans que la force du courant se fit sentir.

Les deux sortes de rouissage donnent un lin différent et comme aspect physique, et comme qualité. Les lins rouis à l'eau stagnante, ont un aspect jaune sale ou gris noirâtre; les lins rouis à l'eau courante ont une couleur claire, jaunâtre, quelquefoie presque blanche. Nous avons les deux couleurs dans nos lins du Nord, ceux de Bergues sont gris, ceux d'Armentières, pour la plupart rouis dans la Lys, sont blanchâtres. Comme qualité, les premiers sont encore préférables, ils sont souples en même temps que durs et tenaces, les autres quoique forts se brisent plus facilement. Celà n'empêche que l'on préfère souvent dans le commerce les lins rouis à l'eau courante à cause de leur blancheur.

Lorsque le lin est roui à l'eau, il faut rapidement le sécher. Cette opération se fait le plus souvent sur prairie : on forme avec les tiges de petites bottes coniques où l'air peut passer sans effort; autant que possible ces cônes seront exposés à l'action du soleil.

Au bout d'un certain nombre de jours, ce qui est inhérent à la température, il faut étendre le lin à plat pour achever de le sécher dans le cas où les tiges trop massées n'auraient pas permis à l'air d'agir, et aussi pour le blanchir. On l'y laisse environ huit jours en ayant soin de le retourner au moins une ou deux fois par jour, puis on le retire lorsqu'on juge qu'il est parfaitement sec. Le lin sera bien roui, si, outre les soins qu'on lui a donnés, il a pu être étendu sans avoir été atteint par la pluie ou une trop forte rosée.

Le lin est alors souple et assez doux au toucher. Cette douceur lui vient de ce qu'il a absorbé pendant son *séchage*, ce qu'on appelle la *graisse du lin*, matière qu'a développée le rouissage à l'eau. Il peut alors être vendu avantageusement.

Si le rouissage à l'eau est terminé en temps de pluie, on doit sécher le lin par masse sous un hangar ou une grange. La matière perd évidemment par cette méthode et le séchage en dure plus longtemps mais le point important est sa conservation.

Rouissage sur pré. — Nous avons dit qu'il y avait un second mode de rouissage, bien moins avantageux que tout autre, c'est le rouissage sur pré. Nous devons l'indiquer, car certains pays sont obligés d'y avoir recours, l'eau manquant complètement; il existe en outre certaines contrées où l'on pourrait agir autrement, mais qui suivent encore ce système par routine. Le meilleur moyen pour rouir sur pré est d'agir comme suit : On étend le lin en couches le plus minces possible en reposant l'extrémité des tiges sur de longues gaules et on ménage au bout du pré un espace assez grand. Chaque jour on retourne deux fois le lin en soulevant les gaules et on remplit ainsi l'espace laissé libre. Après une quinzaine de jours et quelquefois plus tôt, le rouissage est à peu près terminé et on arrête la fermentation en mettant le lin en cônes pour le faire sécher.

Ce rouissage ne réussit qu'autant qu'il pleuve ou qu'il fasse d'abondantes rosées, encore les pluies et les rosées doivent-elles s'ar-

[illegible]er au moment du séchage. Dans tous les cas, la couleur des tiges d'un brun sale et désagréable à l'œil est souvent signe de la mauvaise qualité du produit. Ajoutons que la fermentation ne s'y fait pas dans toute l'étendue des tiges ; certaines parties ne sont pas rouies ; dès lors, dans les opérations qui vont suivre, la paille ne pourra se détacher, il se produira par suite beaucoup d'étoupes et de déchets. Supposant même que le rouissage ait produit d'excellents résultats, le lin ne pourra se blanchir qu'avec d'extrêmes difficultés.

Dans certaines contrées cependant où les pluies sont assez fréquentes, le rouissage au pré peut donner de bons résultats, il est alors terminé au bout de trois semaines. Dans les pays où la température n'est pas favorable, il faut quelquefois plus de six semaines.

AUTRES MÉTHODES.

Parmi les autres modes de rouissage, les uns n'ont été que proposés et n'ont pas été assez convenablement expérimentés pour en conseiller l'emploi, les autres ont trouvé beaucoup d'adhérents et fonctionnent dans quelques manufactures spéciales.

Nous ne ferons que nommer les premiers :

1° Traitement des lins par les alcalis caustiques ou carbonatés, ou une dissolution de savon vert en ébullition.

2° Traitement par de l'eau de chaux, qui en ramolissant tout ce qui entoure la fibre proprement dite en rend par cela même le teillage plus facile.

3° Traitement du lin en tas par l'eau additionnée d'un ferment.

4° Rouissage à la vapeur. Ce procédé consiste à placer le lin dans de grandes cuves munies d'une vaste cheminée pour le tirage, et à faire agir sur la matière la vapeur d'eau à différentes pressions. Les eaux de macérations constituent un engrais de grande valeur, ainsi que les matières sédimenteuses qui forment dépôt.

Les divers systèmes qui dans quelques contrées ont remplacé

l'ancienne méthode, sont le rouissage Rouchon, les rouissages Irlandais et Américain, et le rouissage qu'a proposé il y a quelques années M. Terwangne, de Lille.

Rouissage Rouchon. — Ce procédé consiste à traiter le lin placé dans un récipient en bois, par une eau acidulée dans la proportion de 1 kilog. d'acide sulfurique pour 400 litres d'eau. Pour opérer on plonge le lin dans les bains à différentes reprises, en agitant l'eau à chaque plongée de manière que le mélange se fasse intimement. On a soin, en agissant ainsi, de baigner entièrement les tiges, afin que le rouissage s'opère dans toutes leurs parties. Au bout de quelques temps, les bottes sont retirées, puis replacées en pile dans une autre position. Après cinq ou six heures, on opère un rinçage général avec de l'eau ordinaire.

Les jours suivants, on continue les mêmes immersions jusqu'à ce que le rouissage soit mené à fin. Arrivé à ce point, on arrête l'action de l'acide par des bains de lessive alcaline, abondants et réitérés. Tout est alors terminé. On a soin durant tout le cours du rouissage de remplir les cuves de liqueur lorsque celle-ci commence à s'évaporer et de ne jamais abandonner les tiges incomplètement immergées.

Cette méthode, expérimentée en grand à l'école Polytechnique, a donnée de bons résultats dans les applications pratiques.

Rouissage Schenck-Watt. — Ce mode de rouissage est encore assez employé, mais il est défectueux selon nous, parce qu'il ne donne pas à la fermentation le temps de s'accomplir complètement.

Il consiste à faire macérer le lin dans des cuves, dont on dégorge peu à peu l'eau qu'elles renferment et qui entraine avec elle tous les éléments qui peuvent amener la matière à fermenter. On est alors obligé de soumettre les tiges à des rouleaux presseurs (wet rolled), qui en extraient les produits encore liquides et donnent souvent au lin une apparence de finesse qu'il ne possède pas en réalité.

Outre son imperfection, cette méthode a encore l'inconvénient d'amener beaucoup de frais. Ainsi les rouleaux valent au moins 3000 francs et une cuve qui ne peut rouir que 400 kilogrammes de lin à la fois vaut au minimum 350 francs.

Rouissage Irlandais. — Ce système, un des moins usités à cause des frais qu'il amène, consiste à mettre le lin dans des cuves en bois avec de l'eau d'abord froide, mais dont on élève la température à 32° au moyen de la vapeur.

La fermentation s'effectue promptement et est terminée au bout de soixante heures.

Rouissage Américain. — Ce procédé a, comme le précédent, trouvé un petit nombre d'adhérents. Il consiste à traiter le lin par une eau toujours chauffée et maintenue au même degré. « Ce rouissage, dit un savant distingué, n'a pu donner des résultats aussi avantageux qu'on a le droit d'en attendre. Ceci tient peut-être à ce que jusqu'aujourd'hui ce travail a été commandé ou exécuté par des hommes possédant plus de théorie que de pratique ; car tout porte à croire qu'avec le temps cette méthode sera adoptée principalement par les propriétaires de machines à vapeur qui voudront transformer le lin en filasse en le broyant et en le teillant mécaniquement, surtout si leur culture est éloignée d'un cours d'eau suffisant pour rouir leur lin. L'application de ce système serait avantageux pour une contrée qui ne posséderait pas l'eau nécessaire pour le rouissage des lins qu'on y récolterait. Il y aurait alors avantage pour elle à rouir, écanguer mécaniquement, ce qui augmenterait ses produits par la réduction de la main-d'œuvre et la valeur qu'ils obtiendraient en plus relativement, ou même celle que procure le rouissage sur terre. »

Rouissage Terwangne. — En dehors des anciennes méthodes dont nous avons parlé plus haut, c'est le procédé le plus connu, le plus usité, et nous dirons aussi le plus avantageux. L'auteur lui a donné le nom de *Mode Français* par *fermentation continue* avec emploi de la craie et du poussier de charbon.

Pour en bien remplir toutes les conditions, on place le lin debout dans une citerne contenant 16000 à 8000 hectolitres d'eau, qu'on chauffe à la température de 25° centigrades. Au bout de soixante-douze heures de fermentation le principe gommorésineux est fluidifié, et l'on opère alors le rinçage des tiges, mais sans les bouger. On dégorge ensuite la citerne et on transporte le lin pour le sécher, ordinairement sur des claies superposées sous un long hangar couvert, ou bien lorsqu'on ne peut faire autrement, au moyen d'une combinaison indiquée par l'auteur de l'ingénieux appareil calorifère Chaussenot. On sèche ainsi 6000 à 12000 kilogrammes de lin à la fois.

De la sorte, le rouissage s'effectue rapidement, et l'on peut rouir ensemble de 8000 à 10000 kilogrammes de tiges. Les essais que M. Terwangne a faits à Bernay (Eure), chez M. Pesnel, sur les lins dits de Bernay, ont toujours été couronnés d'un plein succès, et les diverses médailles qu'il a obtenues dans les expositions confirment l'excellence de la méthode. Les frais de rouissage s'élèvent environ à 2000 francs pour 10000 kilogrammes, avantage marqué sur le procédé Schenk-Watt qui, pour le même poids, demande 21 cuves de 400 francs chacune.

CHAPITRE III.

Hâlage et Teillage.

Ici cessent les soins des cultivateurs. Ces derniers sont remplacés par des hommes spéciaux auxquels on donne le nom *d'écoucheurs* et à qui l'on confie deux opératious importantes :

1° Le hâlage, qui a pour objet de donner à la chenevotte la siccité nécessaire pour être détachée du filament.

2° Le teillage, dont le but est de briser l'axe ligneux de la tige, de le séparer de la fibre proprement dite, en laissant cette dernière aussi intacte que possible.

Des manufactures spéciales ont été créées dans le Nord pour le teillage, de même qu'elles l'ont été pour le rouissage, aussi distingue-t-on le teillage à la main du teillage mécanique.

Nous étudierons rapidement les principaux systèmes, en donnant l'appréciation qui en a été faite.

DIVERS MODES DE HALAGE.

Le hâlage se fait de quatre manières :

1° *Au soleil*, ce qui est préférable. On place alors le lin debout et le long d'un mur dans la position la plus exposée à la chaleur, on le laisse toute la journée en ayant soin de le rentrer chaque soir, puis on le replace le jour suivant dans la même position. Au bout de cinq ou six jours, le lin est complètement hâlé. Si on ne devait avoir égard à la température, nous conseillerions ce procédé à l'exclusion de tous les autres, car il permet de sécher le lin rapidement et ôte la crainte de toute incendie, mais dans certaines contrées cette méthode est impraticable.

2° *Au four à pain.* Le lin est placé dans le four debout et les racines en bas, aussitôt que le pain a été retiré. Il peut ainsi se sécher rapidement. Cependant, nous déconseillons complètement ce procédé à cause des graves inconvénients qu'il comporte. Il arrive que le lin, soumis d'abord à une très-forte température, n'est presque plus chauffé au bout de quelques heures ; par suite, l'humidité qui s'est réduite en vapeur et qui n'a trouvé que peu d'issues par les harats du four, se condense de nouveau sur les tiges ; on retire ces dernières presque aussi mouillées qu'elles y étaient entrées.

3° *A l'étuve des écoucheurs.* Nous appelons ainsi un fourneau de forme cylindro-conique divisé en deux parties par un treillage métallique d'une certaine épaisseur. Dans ce cas, le lin déposé sur ce grillage, reçoit d'un fourneau inférieur la chaleur nécessaire à sa dessiccation. Quoique plus avantageux que le précédent, ce procédé est encore très-imparfait ; souvent il arrive que le lin conserve encore quelque humidité et s'enfume ; d'ailleurs tout dépend de la conduite du feu. Généralement, on doit faire en sorte de ne pas chauffer à une temérature supérieure à 48°, car à une plus forte chaleur le lin deviendrait cassant et produirait par la suite beaucoup d'étoupes.

Cette méthode est fort usitée en Picardie, le fourneau est ordinairement alimenté par des débris de chenevotte et la grille placée à 1^{m} 50 au-dessus de lui.

4° Mais le meilleur procédé après celui que nous avons indiqué le premier, est de hâler le lin dans une *chambre fermée* de tous côtés, et comprenant dans sa plus grande longueur un certain nombre de planches superposées à quelque distance les unes des autres et assez larges pour qu'on puisse y placer une certaine quantité de lin. Les tiges sont rangées debout sur ces siéges de manière à ce que l'air puisse pénétrer dans leurs intervalles. On place à une des extrémités un fourneau dont on a soin de mettre la porte à l'extérieur et on chauffe lentement jusqu'à 25°; on maintient quelque temps à cette température puis on l'élève assez fortement. Le lin est bientôt séché. Grâce à une cheminée d'appel placée du côté opposé, il s'établit une sorte de courant d'air chaud qui agit sur les tiges et en termine rapidement le hâlage.

TEILLAGE A LA MAIN.

Le teillage à la main comprend deux opérations principales :

1° *Le broyaye*, dont le but est, en brisant la paille, de forcer celle-ci à se détacher plus facilement. On le remplace ou on l'assimile dans certaines contrées à des systèmes identiques dont nous parlerons, et qui portent le nom de *maillage*, *macquage*, etc.

2° *L'espadage*, qui sert à enlever les parties de chenevotte que les opérations précédentes y ont laissées, et qu'on appelle encore *raclage*, *écouchage*, *écanguage*, etc.

Le *broyage* se fait au moyen d'instruments appelés *broies* ou *broyeuses* et qui sont de deux sortes : en fin et en gros.

On fait passer le lin par l'une ou l'autre, et souvent par toutes deux.

La broie ordinaire se compose de deux planches longues de 2m à 2m 50 sur une largeur de 60 à 65 cent., retenues ensemble par une lame de tôle formant charnière et pouvant facilement se recouvrir l'une l'autre. La planche inférieure est soutenue aux quatre coins, à 70 cent. du sol, par des pieds solides en bois, de manière à conserver uue position stable, et la planche du haut est terminée par un manche dont on a soin d'arrondir les bords pour la plus facile manœuvre de l'appareil. On a creusé sur la seconde planche deux longues mortaises larges de 75 millimètres, correspondant à deux planchettes de même épaisseur scellées au revers du couvercle, et qui s'enfoncent dans les mortaises d'une longueur de 1 décimètre au moins. Pour se servir de la broie, on place le lin en paille sur la seconde planche et dans le sens de sa largeur, puis on abaisse le couvercle, non d'une manière brusque, ce qui romprait complètement les filaments, mais assez fortement pour broyer les tiges. Ces dernières sont fortement tendues dans les mortaises, et leur paille se brise alors avec facilité.

Néanmoins, et malgré toutes les précautions, on ne réussit jamais à tel point de laisser parfaitement intact le tégument fibreux. On conçoit d'ailleurs que ce procédé doit être défectueux; le lin n'est pas élastique lorsqu'il est en paille, dès lors les tiges encore rigides et cassantes, ne peuvent toujours supporter la forte tension à laquelle elles sont subitement soumises, et elles se brisent, surtout dans leurs parties les plus ténues, qui sont aussi les plus précieuses. Aussi cet instrument, employé assez souvent dans les environs du Hâvre et un peu dans le Nord, est presque toujours remplacé ou même assimilé en le précédant, dans notre département, par un autre mieux ordonné et plus simple. L'opération prend alors le nom de *maillage* ou *macquage*.

La *macque* est un battoir en bois dur et pesant, de 15 cent. de largeur, 30 de longueur sur une épaisseur de 10, dont la partie inférieure qui est destinée à porter directement sur le lin, porte des cannelures plus ou moins fines et peu profondes. Cet appareil est muni d'un long manche recourbé qui permet de le manœuvrer plus facilement. L'ouvrier qui s'en sert, place les tiges sur un sol uni et sec, en ayant soin de les maintenir dans le parallélisme le plus parfait possible, puis les retenant par une extrémité avec le pied il frappe sur l'autre bout et sur le milieu rapidement et avec énergie; lorsque la paille a presque entièrement débarrassé les tiges, il attaque le bout opposé. Cette méthode est sans danger pour les fibres et donne de bons résultats; dans tous les cas, c'est la manière la plus convenable de préparer la matière à l'opération suivante qui doit la débarrasser complètement de sa paille.

Le macquage est suivi de *l'écanguage*. Cette opération se fait partout de la même manière, mais l'instrument qui sert à opérer diffère un peu dans le Nord des autres pays liniers. Dans ces derniers, on se sert d'une planche droite, maintenue verticale par un établi solide fixé à la partie inférieure. Rectiligne à sa base, elle est munie à son sommet d'une échancrure qui occupe toute sa largeur. L'ouvrier qui veut écanguer le lin, place les tiges au travers de cette échancrure, et les tenant fortement d'une main, promène rapidement sur la partie qui pend au dehors, un instrument spécial en bois dur, qui a la forme d'un couteau à tranchant émoussé, et qu'on appelle indifféremment *espadon*, *écouche* ou *écangue*.

La lame de ce couteau a une largeur de 20 cent. sur une longueur double. L'ouvrier tient cette écangue par un manche court et la secoue de temps en temps pour la débarrasser des débris de chenevotte qu'elle retient autour d'elle. Il a soin pendant son travail de ne jamais frapper sur la planche, car il pourrait d'un seul coup trancher un grand nombre de fibres.

Daus notre département, on se sert pour écanguer d'une planche droite et verticale, de 1^{m} 50 environ de hauteur sur une largeur de 12 cent., maiutenue solidement à la base, et munie sur le côté à peu près à 80 cent. du pied, d'une entaille de 8 millim. Les bords de cette échancrure sont taillés en biseau, afin de donner plus de prise à l'écangue. Cette écangue est aussi un peu plus grande pour l'appareil dont nous parlons, et son manche qui se prolonge sur la lame de bois, porte parallèlement un second bâton qui sort du côté opposé ; cette disposition permet à l'ouvrier de doubler la force du coup. On a soin de tendre horizontalement à la hauteur des genoux une sangle qui, en même temps qu'elle protège les jambes du travailleur, permet à celui-ci de relever l'écangue par son élasticité. Il arrive quelquefois que lorsque la paille n'est pas complètement tombée, l'ouvrier racle rapidement le lin avec un couteau de fer très-émoussé.

Quand l'écancuage est terminée, on lie les mêches aux trois

quarts de leur longueur, et du côté de la tête avec quelques brins de filasse, puis on en forme des paquets pour la filature.

TEILLAGE MÉCANIQUE.

La question du teillage mécanique n'a pas encore été complètement résolue (1). Seules, quelques machines dont on a pu constater le résultat par l'expérience de plusieurs années, ont survécu au milieu de tous les projets qui ont été émis. Encore, ces machines sont-elles peu employées. Ceci tient à ce que souvent leur travail, quoique plus abondant que le travail manuel, donne des résultats souvent moindres, quelquefois identiques, rarement supérieurs. Or, on conçoit que le coût de ces machines étant assez élevé, les cultivateurs préfèrent teiller à la main et à un prix beaucoup

---

(1) Bien que le teillage mécanique ne soit pas fort répandu aujourd'hui, ce qui tient à différentes causes dont nous donnons explication plus haut, l'idée en a été émise depuis une époque éloignée. C'est à Milan, en 1784, qu'en est venue la première pensée; on proposa alors de remplacer le travail du lin à la main par celui de trois cylindres cannelés mis en mouvement à bras d'hommes. Cette machine ne fut pas adoptée et ce ne fut que quelques années plus tard que l'on entendit parler d'autres inventions de ce genre (système James Lee, système Hill et William, etc.) qui, quoique plus usitées tombèrent cependant très-rapidement. Une des machines les plus employées fut celle de M. Christian, directeur, en 1830, du Conservatoire des Arts et Métiers à Paris, au moyen de laquelle un homme pouvait faire par journée 20 à 25 kilos de filasse. La question du teillage mécanique fut abandonnée pour quelque temps, et ce ne fut qu'en 1838 qu'elle fut remise à l'étude sur la proposition d'un prix de la société d'encouragement. Aucune des machines proposées ne remplit le programme indiqué. Cependant celle de M. Delcourt (André) fut prise en considération en vue de sa supériorité sur les teilleuses concurrentes, elle broyait en 48 minutes quarante-huit kilogrammes et demi de tiges et donnait 16 kilog. 750 de filasse sur ce poids. La société d'encouragement lui décerna une médaille d'or de seconde classe. Depuis cette époque, peu de brevets ont été demandés pour le broyage du lin, mais les nouvelles machines, réunissant parfois des avantages réels, ont été prises en considération et adoptées dans quelques manufactures et campagnes, nous décrivons ici les principales.

moindre, même en ayant un rendement inférieur. Il est vrai que l'on a à combattre chez quelques-uns une routine invétérée et des habitudes dont ils ne tiennent pas à départir ; mais nous croyons que, lorsque les machines les plus nouvelles, qui sont les meilleures, seront mieux connues après plusieurs années, elles seront plus usitées. Ainsi les teilleuses de MM. Hoffmann et Mertens qui sont les plus anciennes parmi les nouvelles machines, sont aussi les plus répandues. Nous les décrirons de préférence, puis nous jeterons les yeux sur les métiers de construction récente, et surtout destinés à être employés dans le Nord, puisque la plupart y ont pris naissance.

Teilleuse Hoffmann. — Cette machine se meut dans une caisse ronde en tôle à charnière, à l'intérieur de laquelle on introduit les tiges de lin retenues à l'extérieur entre deux plaques cannelées et à écrou. Autour d'un axe sont disposés quatres bras courbes de fonte en forme d'*S* croisés et munis chacun de couteaux ratisseurs; mus par un mouvement de rotation circulaire continu, ces bras rencontrent une plaque immobile placée près d'eux et portant des couteaux fixes. De la sorte, quand les couteaux mobiles en tournant rencontrent les tiges de lin, ils les poussent dans les couteaux fixes qui les reçoivent à leur tour. Mais comme le lin ne recevrait pas continuellement l'action de tous les couteaux mobiles s'il restait engagé entre les couteaux fixes, il est constamment relevé à la surface de ces derniers par une lame unique animée d'un mouvement plus accéléré et en sens inverse. Le teillage se fait ainsi avec rapidité.

Cette machine peut teiller de 70 à 90 kilogs de matière par jour suivant la qualité de celle-ci et la plus ou moins grande facilité qu'elle présente au travail; son prix est de 400 fr. quand elle est simple, et de 1400 fr. quand elle est double.

Teilleuse Mertens. — Cette machine se compose principalement de deux plateaux en fonte, placés dans une position verticale et munis d'un certain nombre de lames en fer disposées convenablement à leur surface. On leur imprime un mouvement de rotation en sens contraire. Les lames qui y sont fixées commencent d'abord par s'effleurer, puis se croisant rapidement, passent ensuite les unes au-dessus des autres : de sorte que si l'on engage une tige de lin dans leurs intervalles, celle-ci se trouvera alternativement froissée, courbée et tirée par ces lames, qui, de la sorte, la dépouilleront complètement de sa chenevotte.

C'est là la partie essentielle de la teilleuse. Mais la disposition de cette machine permet encore de ne broyer les tiges que par degrés, c'est-à-dire en commençant par une extrémité pour arriver lentement jusqu'au bout opposé. Pour cela, on place les tiges entre deux plaques cannelées, formant mâchoire, revêtues de peau pour éviter les coupures et dont l'une est en bois, l'autre en fonte. On place cette mâchoire dans un guide oblique dont l'extrémité supérieure, munie d'un rouleau, est fort éloignée des lames, et on la force à descendre lentement, grâce au jeu d'une courroie mue par ce rouleau. La vitesse de descente de la mâchoire est proportionnelle à la vitesse de rotation des plateaux qui est en moyenne de 160 révolutions par minute, mais cependant beaucoup plus faible. Quand toute la partie située en dehors de la pince a été teillée, on retourne les tiges pour les travailler de l'autre côté ; on remonte alors la mâchoire au moyen d'une manivelle qui fait agir en sens inverse le rouleau qui guide la courroie.

Cette machine peut teiller en douze heures 80 à 90 kilogs de tiges et donne 20 à 25 kilogs de filasse. On y obtient un rendement de 25 pour 100 supérieur à celui qu'on peut obtenir par le travail manuel. Son prix ordinaire est de 600 fr. parce qu'elle est double, mais on fait aussi des teilleuses simples de 450 francs.

Autres systèmes. — La plupart des machines d'invention récente comportent des avantages marqués sur le travail à la main, mais elles sont d'un prix beaucoup plus élevé que les précédentes.

Elles sont en effet construites de manière à remplacer le teillage à main dans toutes ses parties et forment alors une série de machines au lieu d'un teilleuse unique.

Ainsi sont la teilleuse et l'écangueuse mécanique de MM. Farinaux et Lacroix, de Lille. Ces machines sont excellentes ; le mécanisme en est simple, la construction commode, la force qu'elles exigent relativement petite par rapport à la production, mais elles sont moins employées dans les campagnes que les machines uniques faciles à transporter.

M. Vanriscote, à La Madeleine lez-Lille, a adopté un système de teilleuse et d'écangueuse broyant le lin roui à l'eau condensée. La première de ces machines se compose de plusieurs rouleaux briseurs dont la marche est convenablement réglée. Dans la seconde, la partie travaillante est formée de plateaux munis d'écangs qui viennnent frapper le lin placé dans des coulisses. Une première coulisse tient le lin à une certaine distance, une autre le rapproche davantage des plateaux. L'écanguage s'opérant ainsi par degrés donne un rendement supérieur au travail à la main.

En somme, le teillage mécanique est encore une partie arriérée du travail du lin ; car, de toutes les machines que nous venons d'examiner aucune certainement n'offre d'avantages très-sérieux sur le travail à la main. D'ailleurs jusqu'aujourd'hui, ce genre d'industrie n'a pu obtenir, dans toutes les expositions et concours publics, que des médailles de seconde classe.

CHAPITRE IV.

Classification des Lins.

Les lins varient suivant les divers pays et les soins qu'on leur prodigue, comme avec les modes de préparation qu'on leur fait subir lorsqu'ils sont en tiges. Nous allons, dans ce chapitre, en décrire les principales espèces.

Après les lins français que nous examinerons tout d'abord à cause de leur importance pour nous, nous étudierons les lins exotiques dans leurs principaux genres.

LINS FRANÇAIS.

Nous comptons en France un grand nombre d'espèces de lins d'un usage journalier. Les lins du Nord, département où la filature mécanique est le plus développée, sont au premier rang; viennent ensuite les lins de Picardie, ceux de Normandie, ceux de Bretagne. Ces provinces seules fournissent du lin ; à mesure qu'on avance dans le Midi, la culture de cette plante est remplacée par celle du chanvre.

Lins du Nord. — On comprend sous ce nom tous les lins qui sont cultivés dans la Flandre Française et en particulier dans notre département. Les diverses espèces de lins du Nord sont ceux de Bergues, ceux de la Lys, ceux de Douai et ceux des environs de Douai et de Valenciennes.

On désigne sous le nom de *lins de Bergues* ceux que l'on récolte dans tout l'arrondissement de Dunkerque dont Bergues est le marché régulateur. On reconnaît à la couleur généralement gris-foncé de ces lins qu'ils ont été rouis à l'eau stagnante ; ils ont aussi toutes les qualités des matières traitées par cette méthode : souplesse, force et élasticité. Le mode de séchage que l'on emploie (étalage sur pré) développe beaucoup en eux ce que nous avons appelé la graisse du lin. Cette matière, souvent même trop abondante, ne laisse pas d'être gênante dans la filature mécanique ; elle s'attache souvent aux rouleaux de préparation surtout à ceux qui sont de bois ou recouverts de cuir, les rend collants et cause parfois des arrêts. En outre, la matière gommorésineuse y étant fort concentrée, il faut, lorsqu'on emploie ces lins sur les métiers à filer à eau chaude, élever la température à un très-haut degré pour aider à sa dissolution, sans cette précaution, les fibres ne pourraient jamais que glisser avec peine les unes sur les autres ; toutefois ceci serait sans doute inutile si on appliquait à ces lins le rouissage Terwangne.

Les extrémités de ces lins étant très-dures, on a toujours soin avant toute autre opération, de les ébouter, c'est-à-dire de dégager leurs extrémités. Des machines spéciales ont été construites à cet effet (Voir plus loin).

Le lin de Bergues convient au peignage mieux que tout autre lin, il donne de bonnes étoupes, s'évapore de 3 à 3 1/2 °/₀ au maximum et procure en somme un rendement excellent (60 à 75 p. 100).

Les fils qui en proviennent sont de bonne qualité ; on les emploie en chaines des Nos 16 à 45 ; leurs étoupes donnent au sec les Nos 16 à 20, au mouillé 20 à 25.

Les *lins de la Lys* présentent plus de nuances que ceux de Bergues et sont presque aussi recherchés, quoique donnant moins de rendement au peignage. Ils sont rouis dans l'eau courante et leur couleur varie du gris clair au blanc jaunâtre. Leur nom leur vient de ce que ce rouissage s'opère le long de la Lys depuis Warneton jusqu'un peu au delà du territoire belge ; on les appelle encore *lins d'Armentières*, *lins de Lille* du nom des centres principaux. Ils ont plus de finesse et autant de force que ceux de

Bergues, mais ils sont aussi moins nerveux et moins gras. Ils donnent au peignage de 55 à 60 p. °/o en long brin et ne s'évaporent pas au-delà de 3 p. °/o

Il y a deux catégories marquées dans les lins d'Armentières. Dans la première, on comprend les lins que l'on blanchit de suite par un curage après qu'ils ont été rouis; dans la seconde des lins rouis en deux fois; une première sur le vert l'année de la récolte, une seconde fois l'année qui suit. On doit comprendre que les seconds acquièrent par cette préparation plus de nerf et de force.

Les lins de la première catégorie rendent environ 2 à 5 p. °/o de moins au peignage, et leurs étoupes sont assez boutonneuses. Les lins de la seconde catégorie se distinguent facilement à leur couleur verdâtre, néanmoins le blanchissage et la teinture de leurs fils se font sans aucun inconvénient.

Les lins d'Armentières peuvent se filer à des numéros plus élevés que les lins de Bergues, on en fait du 30 à 140 pour chaines de qualité supérieure et pour trames de qualité ordinaire jusqu'aux plus hauts numéros. On peut faire des fils encore plus fins en les mélangeant avec les lins belges de Lokeren et de Gand.

Les *lins de Douai*, cultivés dans les environs de cette ville, sont encore très-bons, mais inférieurs aux autres lins du Nord. Leur couleur est gris sale ou bien encore d'un beau jaune doré. Ils sont généralement mal teillés et très-secs. La matière gommorésineuse qui y est très-abondante les rend durs, et cela nécessite un grand travail aux préparations, aussi faut-il chauffer l'eau à une haute température lorsqu'on les emploie au mouillé. Ils ont une force moyenne et ressemblent assez au chanvre; lorsqu'ils sont convertis en fil et en tissu, ils ne se distinguent guère de ce dernier qu'à l'odeur. On les emploie avantageusement au sec.

Ils rendent environ 50 p. °/o au peignage et s'y évaporent de 4 à 5 p. 100. On file en long brin avec le lin de Douai du N° 20 à 50, et en étoupes du 16 à 20.

On cultive encore sur les bords de la Scarpe, à Cambrai,

Marchiennes, Saint-Amand, Valenciennes, etc., certains lins qu'on ne rencontre guère dans la filature mécanique à moins que pour la production de numéros très-élevés, et qui s'emploient en grande partie au filage à la main. On les appelle *lins de fin* ; leurs filaments sont blonds, brillants, soyeux, en même temps que souples et tenaces. Ils proviennent de lins ramés, c'est-à-dire soutenus avec des baguettes lorsqu'on les cultive. Comme leur écanguage se termine au couteau, ils prennent quelquefois le nom de *lins de fin au couteau*. On les cultive peu aujourd'hui, ils servaient spécialement autrefois à la fabrication de la dentelle. En Belgique, en Hollande et en Allemagne, on en forme quatre variétés ; on les désigne sous les noms de lins blancs à la rose, lins blancs à mille points, lins gris à la rose, lins gris à mille points. Les lins *blancs à la rose* sont ainsi appelés parce que les torsades qui forment les paquets ont la disposition d'une rose. Les filaments sont très-fins, blancs, quelquefois blonds, se trouvant en paquets de 500 grammes enveloppés dans du papier bleu, formés de 8 petits écheveaux tordus au tiers de leur longueur et nommés *queues* Les lins *blancs à mille points* sont plus fins, plus blancs que les lins blancs à la rose. Ils sont en paquets de 500 grammes de 20 à 25 petites queues tordues de la même manière. Le lin *gris à la rose* est inférieur aux précédents, il est aux lins fins gris ce qu'est aux lins blancs le lin blanc à la rose. Les lins *gris à mille points* sont les moins beaux des lins de fin, ils correspondent parmi les lins gris aux lins blancs à mille points. Ces produits sont encore aujourd'hui désignés sus le nom de *lins d'Hasnon*.

Tous les lins de fin sont d'un prix très-élevé ; quant aux autres lins du Nord, leur prix est de 2 fr. 50 à 3 fr. 50 le kilog et demi, selon les saisons et les variétés des marchés. Le marché principal du département est Bergues.

Lins de Normandie. — Les lins de Normadie sont presque

aussi répandus que ceux du Nord. Le marché régulateur est la ville du Hâvre, principal port d'expédition qui donne quelquefois son nom à certains lins de la contrée (1).

On distingue trois variétés de lins normands : les lins de Bernai, les lins de Caux et les lins de Romois.

Les *lins de Bernai* sont les plus estimés. Ils peuvent être classés parmi les beaux lins surtout lorsqu'ils ont été bien rouis. La matière gommorésineuse y étant fort abondante, on leur applique souvent le procédé Terwangne, système qu'un industriel du pays, M. Pesnel, a mis tous ses soins à propager dans les campagnes. Ces lins sont généralement très-forts, nerveux et assez fins ; les rubans qu'ils forment aux préparations sont d'une netteté remarquable. Leur couleur est d'un vert jaunâtre, ce qui n'influe en rien sur la teinture qu'on peut donner aux fils ; on a remarqué au contraire qu'ils se blanchissaient très-facilement et qu'ils étaient par suite très-recherchés dans les tissages. Ils dégénèrent néanmoins et n'ont plus la même qualité qu'autrefois.

Ces lins rendent au peignage environ 55 à 60 % en moyenne et ne s'y évaporent presque pas.

Ou peut produire avec les qualités moyennes des fils très résistants du N° 30 à 35, et avec les meilleures espèces on va jusqu'au N° 65 ; on obtient avec leurs étoupes des N°s 12 à 25. En les mélangeant avec les lins de Bergues, on obtient de bons fils pour chaînes.

Les *lins de Caux* viennent ensuite comme qualité. A première vue ils paraissent plus fins que les précédents, mais on obtient au peignage moins de rendement. Leur couleur est généralement d'un beau gris cendré, ils sont très-tendres, pailleux, un peu secs et cassants et surtout très-divisibles. Ils sont excellents pour trames et demi-chaînes.

On fait une différence dans le pays entre le lin en doux qui est

(1) Dans le Midi, les lins du pays de Caux sont connus sous le nom de lins du Hâvre.

arraché avant la complète maturité de la plante, et le lin ordinaire. Le lin en doux est presque toujours de meilleure qualité, mais on en trouve assez difficilemeut de grands assortiments.

Il est impossible d'indiquer un prix moyen pour les lins de Caux, car les qualités et les prix en sont très-variés. Les uns valent de 1 80 à 2 fr., et ce sont les meilleurs; on en trouve d'autres de 80 cent. à 1 fr. qui sont encore d'assez bonne qualité. Ces derniers sont les plus communs; ils rendent au peignage de 38 à 40 pour cent, tandis que le rendement des autres dépasse 50 pour cent en en moyenne. Les étoupes de l'une et l'autre qualité sont toujours très-belles et sont ordinairement mélangées avec un peu d'émouchures.

On fait avec les lins de Caux de bas prix d'excellents produits surtout à la filature au sec jusqu'au N° 25. Au mouillé on en fait généralement des fils très-forts soit des N°s 35 à 45, soit de 60 à 75.

Les *lins du Romois* sont inférieurs aux précédents ; ils viennent peu dans le Nord. Leur couleur grise les distingue facilement des deux autres.

Nous ne ferons que citer les *lins de Coutances*, blanchâtres, assez forts mais généralement peu abondants.

Lins de Picardie. — Ces lins sont d'aussi bonne qualité que les lins de la Normandie et de la Flandre, mais ils perdent beaucoup de leur valeur par le rouissage sur pré, méthode presque seule en usage dans ces contrées. C'est à peine si quelques cultivateurs osent abandonner ce système qui leur fait perdre au moins 30 pour cent sur le bénéfice de leurs ventes ordinaires. Le teillage à la main qu'ils emploient uniquement, tend encore à augmenter l'infériorité de leurs produits.

La plupart de ces lins conservent la couleur gris roux des lins rouis sur près ; on en trouve quelquefois de gris cendrés ou de gris bleus qui sont de meilleure qualité. Le rendement moyen est de 50, 56 et même 60 % et dépasse rarement ces chiffres ; l'évaporation est de 5 %.

Ces lins se vendent pour la plupart par *pierre*, mesure de poids régionale qui équivaut à quatre livres. Les qualités et par suite les prix en sont très-variés, on trouve des lins à deux francs la pierre et on en vend aussi au-dessus de trois francs.

Comme la plupart des lins rouis sur pré, ceux de Picardie peuvent difficilement être filés au mouillé à cause de la décomposition du gluten : leur perte s'élève quelquefois alors jusqu'a 70 pour cent. Ils conviennent surtout à la filature au sec, et donnent dans ce cas d'excellents fils depuis le N° 14 jusqu'au N° 25.

Malheureusement les mauvaises récoltes de ces dernières années ont éloigné les habitants des campagnes de la culture du lin; par suite les lins picards se trouvent avec plus de difficulté sur nos marchés.

Lins de Bretagne. — Ces lins sont d'une qualité presque égale aux lins de Picardie, la culture en est assez soignée, mais plus que ces derniers encore, ils sont mal rouis et mal écangués.

La Bretagne en produit de grandes quantités qui nous arrivent remplis d'ordures, très-mêlés ensemble, et par suite difficiles à peigner. Ce manque de soins les rend généralement très-cassants et peu souples, Ils rendent généralement 45 à 48 °/₀ en longs brins, Certaines qualités, mieux préparées et plus souples, rendent au delà de 50 pour cent.

Les lins de Bretagne se filent assez facilement au sec, mais les produits n'en sont pas toujours très-bons: ils s'emploient surtout pour trames. Souvent on en blanchit ou on en teint les fils; quelques filatures établies dans le pays en ont depuis un certain nombre d'années beaucoup amélioré la culture et le teillage. Ces lins se vendent de 0,90 cent. à à 1 fr. 20 le kilog.

Lins d'Anjou. Les lins d'Anjou sont de qualité moyenne, de couleur jaune et ordinairement rouis dans l'eau. On distingue dans le pays les *lins d'été* et les *lins d'hiver*.

La valeur de ces deux espèces est à peu près identique : les premiers donnent quelquefois au peignage moins de rendement et produisent des étoupes boutonneuses, mais le cas est rare, on file généralement les premiers au mouillé pour produire des N°s 25 à 30 avec le long brin, et de 6 à 12 avec les étoupes, les seconds pour des fils des N°s 20 à 22 d'une part, 6 à 14 de l'autre. A la filature au sec, les lins d'été donnent du 16 à 18. Si on voulait en faire des fils plus fins, ils seraient de mauvaise qualité. Les fils fabriqués avec les lins de la 1re catégorie servent généralement pour trames (fils de cordonnier) les seconds pour chaines (toile de ménage) ou pour trames (toile à voiles).

Lorsque les lins d'Anjou sont *ététés*, ils se vendent en sus 15 à 20 fr. les 100 kilog.

Lins inférieurs. Quelques provinces françaises produisent encore du lin en petite quantité, de médiocre valeur et de peu d'usage chez nous. Ce sont, par ordre de qualité, les *lins de Vendée*, les *lins d'Artois* et de *Béthune*, les *lins de Béarn* et du *Poitou* les *lins des Landes*, de *la Byscaye*, etc.

Les *lins de Vendée* sont assez fins, mais très-mal travaillés. Ils sont cultivés aux environs de Fontenay-le-Comte.

Les seconds sont semés en Mai, rouis sur terre et écangués à la main. Ils sont d'un gris sale et très-cassants. Le blanchissage ou la teinture s'en font très-difficilement et ils rendent très-peu en peignage. On en rouit quelques-uns à l'eau qui sont évidemment de meilleure qualité et sont blanchis après le rouissage. Ceux-là rendent quelquefois 60 % au peignage sur 40 % d'évaporation; mélangés avec les lins de Bergues, ils donnent de bons fils.

Les lins du Poitou donnent encore de très-mauvaise filasse et ne ne peuvent se filer qu'au sec pour donner des N°s 14 à 16.

Ceux du Béarn, des Landes, etc., sont en dessous du médiocre; souvent on ne les peigne pas, on les coupe et on les emploie comme étoupes; on ne peut d'ailleurs en réunir que de très-petites quantités.

LINS ÉTRANGERS

Un certain nombre de lins étrangers entrent dans notre consommation. Les principaux viennent de Belgique, de Hollande, d'Irlande et de Russie. Les autres contrées ne nous en envoient que de loin en loin, et il ne nous en arrive que très-peu.

Lins Belges. Les principaux lins belges employés chez nous sont ceux d'Ypres, de Lokeren, de Gand, de Malines et des pays wallons.

Les *lins d'Ypres* ont la couleur et les qualités de tous les lins rouis dans l'eau stagnante; ils sont forts et doux au toucher et donnent au peignage un excellent rendement. Traités à peu près comme les lins de Bergues, ils s'en rapprochent beaucoup dans leur ensemble, mais leur sont généralement supérieurs, on les file très-facilement, surtout au mouillé pour produire les numéros 70, 100 et au-dessus. On trouve des lins d'Ypres d'un blanc jaunâtre très-agréable à l'œil et qui sont plus fins que ceux qui viennent ordinairèment dans le commerce; on en récolte beaucoup dans quelques cantons et on en fabrique des fils du N° 120 à 150.

Les *lins de Lokeren*, de *Saint-Nicolas*, ont généralement une couleur gris-argenté très-éclatante, et on peut les filer jusqu'aux plus fins numéros grâce à leur extrême divisibilité. Néanmoins, ceux qui viennent chez nous ne sont pas toujours de première qualité et on ne les file qu'en Nos 50 à 70. Daus certaines années, ils ont leurs extrémités très-grosses et on est obligé de les couper. Leur rendement au peignage est avantageux (au delà de 55 %) et ils s'évaporent de 4 % environ.

Ces trois lins peuvent se rapprocher de quelques-uns de nos lins de France, qu'ils surpassent cependant. Ainsi, si les lins d'Ypres ont beaucoup de rapport avec les lins de Bergues, les lins de Lokeren ressemblent à certaines qualités de la Lys ou du pays de Caux. Les premières qualités de Lokeren sont presque toujours dirigées sur l'Angleterre. Les filatures de Leeds et de Belfast font de tels efforts pour se les procurer seules que les manufacturiers français ne peuvent obtenir que les espèces inférieures.

Les autres variétés de lins belges ne peuvent plus se rapprocher des deux genres précédents, sauf quelques qualités assez rares de Gand et de Malines que l'on fait passer pour des lins d'Ypres ou de Lokeren quand on ne peut se les procurer. L'odeur cependant les distingue facilement.

Si nous examinons les *lins de Gand*, et ceux de *Waneghem*, nous les trouvons assez mal teillés et par suite retenant encore beaucoup de chenevotte. Au peignage ils donnent un rendement très-ordinaire et en filature s'évaporent davantage. On en fait de bonnes trames.

Les *lins de Malines* sont à peu près dans le même cas, ce qui fait qu'on les mélange souvent ensemble ; ils donnent même rendement et sont un peu moins fins.

Les *lins wallons* sont excellents, mais acquerraient plus de valeur s'ils n'étaient rouis sur pré. Ils perdent alors toute leur force et deviennent cassants. On les file souvent au sec, néanmoins la finesse de leurs fibres permet de les filer au mouillé. On conçoit cependant, que se dépouillant de la matière gommorésineuse qu'ils ont retenu après le rouissage, ils doivent être sujets à une très-forte évaporation en filature.

On en fait de bonnes trames avec les numéros 20 à 25. Ils donnent au peignage 50 °/₀ et laissent de magnifiques étoupes qu'on mélange ordinairement avec de plus grossières.

Citons encore les *lins de Wetteren*, beaucoup plus gros mais aussi plus forts que les précédents.

Lins de Russie. Les lins de Russie arrivent en très-grande quantité sur nos marchés du Nord, surtout depuis une vingtaine d'années (1). Ils nous sont expédiés par les ports de St-Pétersbourg, de Riga, de Mariembourg et du Liban, et nous arrivent par Dunkerque, le Hâvre ou Anvers. Les lins de Dunabourg, Pskoff et Ostrow, seuls, viennent toujours par chemin de fer.

Le principal pays de culture est la Livonie, surtout les gouvernements de Viatka et de Vologda; et Riga, capitale de la province et le principal marché des lins de la Russie occidentale, nous en envoie les sortes les plus usitées.

Les lins de Russie sont très-variés, comme prix et comme qualités, aussi les employés du gouvernement donnent aux lins de chaque port d'expédition des marques particulières qui les distinguent. Nous en trouvons de très-sales et de peu de valeur, comme de supérieurs et de haute qualité, mais ils sont toujours très-duveteux. Pour certaines marques, quelques maisons font un surchoix (2).

La couleur des lins de Russie est ordinairement d'un gris verdâtre. Ils arrivent en fardeaux ou en nattes sur lesquels sont indiquées les marques.

Le berkowitz, mesure employée, vaut 162 kilogs. Le poud (40 l. russes) vaut 16 kil. 20. Mais les compagnies de chemin de fer russes ont adopté 163 kil. 80 par berk., et 16 kil. 38 par poud.

Le remboursement s'opère ordinairement par obligation à trois mois de la date des récépissés ou connaissements, tare déduite s'il y a lieu (3). Pour le disponible, les traites se font à trois mois de la vente

(1) Ce n'est pourtant que depuis 1868 que l'importation des lins russes a pris la plus grande extension. Ces importations se sont élevées de 10,254,000 kil. qu'elles étaient en 1869 à 24,712,000 kil. en 1868. Ceci était dû au développement instantané de la filature de lin à cette époque, et au peu d'extension de la culture de ce produit dans nos contrées.

(2) Plusieurs maisons lilloises ont protesté contre cette innovation, surtout contre le surchoix Otbornoy.

(3) Il n'est pas accordé de tare aux lins de Dunabourg, Narva, Pskoff, Ostrow, Reval, Pernau et Menel qui s'expédient toujours en vrac.

Un grand nombre de maisons juives se sont emparé de la vente de ces lins et en font quelquefois un véritable agiotage. La fraude se pratique aussi souvent, soit que les lins soient fourrés, soit que les marques soient changées.

Les lins de Russie donnent généralement au peignage un rendement moyen et dans la confection des fils sont souvent employés en mélange. Ils se filent très-facilement au sec et au mouillé, mais la température, dans ce dernier cas, doit être assez basse, ceci tient à ce que ces lins, semés assez tard et ayant poussé rapidement, sont tendres sans être cassants.

Lin d'Irlande. — Le lin est cultivé en Irlande sur une grande échelle; selon certains statisticiens, la récolte habituelle y équivaut à celles de la Belgique et de l'Angleterre réunies. Ce lin est surtout employé dans le pays même et en Angleterre; aussi lorsque la récolte vient à manquer, comme en 1871 par exemple, ces contrées, obligées de s'approvisionner sur nos marchés et en Russie, font éprouver au lin en général une hausse sensible. Ils sont d'ailleurs assez souvent mal travaillés mais tendent chaque année à s'améliorer, et l'industrie linière, qui devient de plus en plus prospère à Belfast, Cork, Galway et Dublin ne peut qu'en activer la culture.

Lin de Hollande. — Ces lins peuvent se classer parmi les produits les plus fins, et aussi les plus résistants, néanmoins on ne les file toujours que pour trames. Ils donnent au peignage 60 p. 100 en rendement et de très-mauvaises étoupes; on les file facilement et on en fait les numéros les plus élevés. Ils se mélangent très-bien avec les lins de la Lys ou de Bergues.

Les provinces les plus productives, sont la Frise, qui donne les lins les plus durs, et la Zélande. Rotterdam est le principal marché du pays, la vente des lins s'y fait à la Bourse, le Lundi de chaque semaine.

CHAPITRE V.

Soins à donner au moteur.

Il est indispensable, pour manœuvrer une machine à vapeur, non-seulement d'en savoir la marche générale, mais encore de connaître le rôle que jouent dans cet appareil important l'eau, la vapeur et le combustible. Seul, le chauffeur qui aura de suffisantes notions sur la machine, manœuvrera celle-ci avec toute l'économie, la sécurité et la régularité demandées.

Il trouvera dans les livres spéciaux la description de toutes les pièces, nous ne voulons ici que lui indiquer les précautions à prendre pour la conduite de son appareil.

Avant de mettre la machine en marche, il devra attendre que celle-ci ait atteint au manomètre la pression qu'elle doit supporter pendant le travail. Et s'il en a le temps, il aura toujours soin d'examiner et de graisser (1) toutes les parties soumises à un frottement quelconque. Son premier soin est alors d'ouvrir les divers robinets ; tout d'abord les robinets purgeurs des cylindres, puis

(1) Le graissage des parties frottantes de la machine se fait, soit avec de l'huile minérale, soit avec de l'huile d'olive de Messine ou de Malaga, soit quelquefois avec des rebus graisseux provenant des boucheries. Ce dernier moyen est surtout employé pour les pistons : souvent aussi on introduit par les robinets graisseurs placés sur le couvercle, du suif fondu ou du saindoux. Les fabricants de bougies stéariques fournissent encore pour cet usage de l'olème brute, on a soin ordinairement de ne graisser les petites pièces ou les organes délicats, qu'avec des graisses liquides, afin de ne pas rendre les machines malpropres. Un ouvrier spécial, dit graisseur, a à sa disposition toutes les huiles nécessaires et s'occupe continuellement du nettoyage des pièces trop graissées, et du graissage de celles dont le mouvement est trop dur.

celui d'introduction de vapeur, puis le robinet du condenseur, si la machine est à condensation. S'il a affaire au système Wolf, il ouvre, s'il existe, le robinet situé sur le tube placé entre la boite à vapeur du petit et du grand cylindre. Les robinets purgeurs seront fermés sitôt l'échauffement du cylindre, et on règlera ensuite l'ouverture des robinets d'introduction de vapeur.

Bien qu'il soit d'usage de renouveler plnsieurs fois le *graissage* des pièces, le chauffeur ne devra pas prodiguer ses huiles sans attention. Dans tous les cas, sa machine devra avoir toute la propreté désirable, les parties peintes exemptes de toute souillure et les parties polies bien luisantes. De cette manière seule, il découvrira les endroits cassés ou les défauts qu'un graissage trop abondant aurait cachés à sa vue.

Il doit avoir à sa disposition tous les outils nécessaires pour desserrer les boulons et opérer tous les raclages. S'il était pris au dépourvu, il pourrait amener malgré lui des accidents très-regrettables.

Chaque soir ordinairement il arrête sa machine. Pour cela, il ferme le robinet à vapeur et le robinet d'injection d'eau froide, le premier d'abord et le second lorsque le premier est bien en place. Mais il doit observer un principe, c'est que la manivelle ait à dépasser un des points morts, c'est-à-dire un des endroits, auquel arrivée, elle n'a plus d'autre force que celle de la pesanteur. On pourrait quelquefois avoir des ruptures pour la mise en marche du lendemain si on omettait cette précaution, parce que la vapeur s'introduisant difficilement dans le cylindre, l'appareil ne se mettrait pas en mouvement.

Lorsque le chauffeur quitte sa machine après sa journée, il doit examiner si elle est en état de fonctionner le lendemain. Mais il est besoin, tous les six mois pour le moins (et on choisit dans ce cas un jour de chômage général) d'enlever les pistons, de vider la boite à étoupes, et de défaire les joints. On en profite pour graisser l'intérieur, afin de le mettre complètement à l'abri de l'humidité.

Pour replacer les joints, on emploie soit le *caoutchouc*, soit des mastics spéciaux dont les plus employés sont le *mastic rouge* et le *mastic Serbat*. Ce dernier se trouve tout fait dans le commerce. Quelques chauffeurs fabriquent aussi eux-mêmes une composition, dite *mastic de fonte*, composé de 15 parties de limaille de fonte neuve, une partie de chlorhydrate d'ammoniaque et une partie de soufre en fleur, le tout mêlé d'eau ou d'urine. Ce mastic est dur en deux jours, on le chasse à coups de marteau dans les joints (1).

Mais toutes ces indications générales ne peuvent suffire, le chauffeur doit encore connaître les précautions à prendre dans la conduite du feu, les soins nécessaires à la conservation et au bon entretien de la chaudière, les circonstances qui peuvent amener les dangers d'explosion et l'usage de chacun des appareils de sûreté dont est pourvu le générateur.

De la conduite du feu. — En règle générale, le chauffeur devra veiller à ce que son feu soit constamment égal. Il évite de cette manière, soit une brusque élévation de température, soit un refroidissement rapide. En outre, il a l'avantage de ne pas faire éprouver à sa chaudière d'inégales dilatations, cause de fréquentes déchirures et par suite de fuites d'eau entre les feuilles de tôle.

Le matin, quand le chauffeur veut commencer la mise en feu, il a soin de retirer les cendres dont il a recouvert la veille les charbons, puis il charge du combustible frais sur la grille. Le tirage commence lorsqu'il a levé les registres.

Néanmoins; cette opération ne doit se faire que petit à petit et le combustible être placé par intervalles réguliers et quantités égales. Ceci devient très-important dans le cas où le fourneau est par trop refroidi.

---

(1). Pour fabriquer le mastic rouge, on se sert de minium et de céruse, mélangés avec de l'huile de lin : ce mastic supporte très-bien l'action de la vapeur.

Quelques précautions sont encore nécessaires dans le cas d'une interruption de travail. Si cette interruption doit durer un certain temps, on retire tout combustible, afin de ne plus produire de vapeur ; et si malgré ce soin la pression soulève la soupape de sûreté, le chauffeur lève cette dernière pour donner libre sortie à la vapeur, jusqu'à ce que l'aiguille du manomètre soit arrivée à marquer son chiffre habituel d'atmosphères (1). Quand l'interruption n'est que momentanée, il suffit de fermer les registres et d'ouvrir les portes du foyer.

Lorsque la fin de la journée est arrivée, le chauffeur ne doit faire cesser que petit à petit l'activité du feu qu'il entretient. Pour cela, il diminue les charges de combustible jusqu'à ce qu'il soit arrivé à la quantité qu'il doit laisser pour la nuit. Au moment de sonner la sortie des ouvriers, il couvre le foyer de cendres, ferme les registres et les portes du foyer. Pour plus de précautions, il ne devrait quitter son générateur que lorsque le manomètre marque une pression en moins. — Si, par extraordinaire, il a omis toutes ces précautions et qu'il a laissé sur la grille une trop grande quantité de combustible, il retire du foyer tout charbon superflu.

Entretien du générateur. — On devra éviter surtout, soit de pousser le feu trop activement, soit encore d'employer des eaux séléniteuses.

Dans le premier cas, on produit l'usure rapide des parois de la chaudière exposés à l'action du feu. Cette usure se manifeste par des écailles de rouille (oxyde de fer) qui se détachent de la tôle et ensuite par des gonflements rapides de cette dernière : alors la chaudière a besoin d'une complète réparation.

Mais il arrive plus souvent que la destruction des chaudières se

---

(1) Les chauffeurs doivent bien se garder dans ce cas de peser sur la soupape pour la fermer de force ; la vapeur n'ayant plus d'issue assez grande, il s'ensuivrait une terrible explosion.

fait au moyen des dépots provenant des eaux d'alimentation. C'est que, de toute manière, aucune eau n'est pure et les matières qu'elles contiennent s'en séparent complètement par évaporation. Les dépôts ainsi formés étant mauvais conducteurs de la chaleur, par suite de leur présence la vaporisation se fait avec moins de rapidité et la dépense en combustible est plus forte. Il arrive quelquefois que les couches de matières calcaires ou terreuses ainsi amenées, acquièrent une plus grande épaisseur, et que venant à se fendiller, elles amènent l'eau en contact avec des surfaces plus chaudes. L'explosion peut s'ensuivre, grâce à la production d'une plus grande quantité de vapeur.

Mais ces dépôts sont ou boueux (eaux de la Lys) ou calcaires (eaux de l'Escaut). Dans le premier cas, on peut arriver à de moindres dépôts, en faisant reposer l'eau dans des citernes, mais ceci amène de grands frais. Le meilleur moyen est d'employer des *désincrustants*.

On avait proposé comme moyen mécanique de placer un faux fond au-dessus de la tôle : les dépôts devraient s'y former. Mais ce moyen est peu employé. Les principaux désincrustants sont :

1° Les matières féculentes (pomme de terre, betterave rouge, fécule, etc.,) très-efficaces et d'un grand usage. Leur action est de s'interposer entre les particules calcaires pour en empêcher l'adhérence.

2° Les corps gras (suifs, graisses, goudrons, etc.) moins employés.

3° Argile et verre pilé : ont l'inconvénient de s'introduire dans les cylindres

4° Les matières colorantes : empêchent les dépôts par la présence de l'acide tannique.

5° Les composés alcalins.

Les principaux désincrustants, dus à des inventeurs particuliers sont :

1° Désincrustant *Delebarre* (de Fives lez-Lille). Il suffit d'un kilogr. de cette matière pour marcher sans inconvénient pendant 40 jours.

Prix : 10 fr. les 100 kilog.

2° Désincrustant *Bevenot* (de Boulogne-sur-Mer), composé de 83 parties de sel marin, 14 de sel de soude et 3 d'extrait de tan séché.

3° Désincrustant *Liégeois*, composé de 3 kilogr. de fécule, 1 kilog. de gomme arabique, 1 kilog. de sucre candi, 1 kilog. de sel de soude.

4° Tartrifuge *Michaud* de Paris.

5° Désincrustant *Polonceau :* Emploi de l'acide chlorhydrique et des carbonates alcalins.

6° Désincrustant *Loth*, de Lille.

7° Désincrustant *Carton*, de Lille.

8° Antipétrin Stigzélius.

Dans tous les cas, le chauffeur devra nettoyer son générateur le plus souvent possible. Mais il aura soin, en faisant son nettoyage, de n'y laisser aucun des outils qu'il aura employés : racles, marteaux ou éponges. Il est arrivé dans certains cas que des dépôts s'accumulant autour d'objets ainsi oubliés causaient en cet endroit une destruction rapide de la chaudière.

Nous voulons parler ici des chaudières le plus généralement employées. Il est évident que pour les chaudières à retour de flamme, tubulaires (Farcot et Fils) ou à circulation rapide (Belleville, Clavières, Larmanjat, etc.) les dépôts ne peuvent s'enlever que par dissolution au moyen de l'acide chlorhydrique fortement étendu.

Il est inutile de dire que lorsqu'il y a une fuite entre la chaudière et un plateau de fermeture maintenu par des écrous, le chauffeur ne doit y toucher que lorsque l'usine a cessé de fonctionner. S'il serrait un écrou pendant que la machine est en marche, il risquerait de briser le plateau, ce qui amènerait une rapide sortie d'eau bouillante ou une forte projection d'éclats de tôle. S'il craint un accident, le chauffeur devra de suite prévenir le propriétaire.

La loi ordonne au propriétaire qui répare sa chaudière d'en avertir le Préfet du département, lequel, s'il le juge nécessaire, la fait visiter par l'ingénieur chargé du service des appareils à vapeur.

De l'usage des appareils de sûreté. — Les appareils de sûreté adaptés aux générateurs sont les soupapes, les flotteurs, les sifflets et les manomètres. Nous dirons quelques mots sur la manière dont on doit entretenir chacun d'eux.

Les *soupapes* sont toujours chargées de façon à s'élever lorsque la pression intérieure atteint celle qui est marquée sur le timbre de la chaudière ; aussi les chauffeurs devront avoir soin de ne jamais augmenter leur poids en les chargeant en superflu, elles deviendraient alors inutiles. Le nettoyage doit s'en faire régulièrement, car il arrive souvent qu'elles adhèrent à leur siége à cause des matières grasses qui viennent s'interposer entre leurs surfaces de contact. Lorsqu'un propriétaire veut se rendre compte de leur bonté, il examine si elles se soulèvent bien verticalement, si elles se meuvent aisément sur leur siége, si le levier joue bien et s'il a la longueur nécessaire. Afin d'éviter tout grave inconvénient, les constructeurs timbrent souvent leurs générateurs à une pression toujours supérieure d'une demi-atmosphère à celle qui est exigée.

Les *flotteurs* ont pour effet d'indiquer si le niveau de l'eau à l'intérieur du générateur est à hauteur normale. Dans le flotteur ordinaire, on sait que le fil de cuivre qui supporte la pierre flottante passe dans un stuffing-box, c'est de ce dernier surtout qu'on doit prendre soin. On doit le graisser tous les jours, le faire manœuvrer chaque matin avec la main et autant que possible y employer le coton au lieu du chanvre. Il est des flotteurs qui exigent beaucoup moins de soin (flotteur Bourdon, flotteur magnétique Lethuillier) ce dernier, qui est excellent, commence à se répandre dans l'industrie.

Les *sifflets* sont destinés à prévenir d'une manière bruyante le chauffeur inattentif quand l'eau baissant dans la chaudière est arrivée au dernier degré du niveau qu'elle peut atteindre sans danger. Il existe une grande variété de sifflets d'alarme, mais le plus employé et le meilleur est le sifflet ordinaire qui n'est autre qu'un flotteur d'alarme dont la boîte est remplacée par un sifflet ou plutôt un timbre sur lequel vient agir la vapeur. Il n'exige que peu de soins, mais ne doit résonner que lorsque le niveau est seulement descendu de 5 cent. pour ne pas habituer le chauffeur au bruit.

Les *manomètres* sont de plusieurs sortes; les plus employés sont surtout le manomètre Bourdon et le manomètre Desbordes, puis viennent les manomètres Schœffer, à air libre, à air comprimé, à syphon en fer, etc. Ces derniers s'encrassant facilement et fort sujets à rupture se rencontrent peu. Les autres ne demandent aucun entretien, nous ne nous y arrêterons pas.

Accidents qui peuvent arriver à la pompe alimentaire. — Cet appareil est un de ceux qui demandent le plus de soins, souvent il se dérange et occasionne alors un manque d'eau qui peut amener de grands dangers.

Les diverses causes de dérangement sont généralement les suivantes :

1° L'usure des soupapes qu'il faut alors remplacer ou roder sur leur siége.

2° L'obstruction des soupapes par un graissage trop accentué ou par l'interposition de corps étrangers entre leurs parties frottantes.

3° L'arrêt des soupapes lorsqu'elles ne retombent plus sur leur siége.

4° La rupture ou l'obstruction d'un des tuyaux d'aspiration ou de refoulement.

5° L'entrée de l'air dans le corps de pompe.

Le chauffeur reconnaît ces inconvénients par la pratique, ainsi il acquiert la certitude :

1° Que l'eau n'entre plus dans le tube d'aspiration, si en soulevant la soupape de sûreté de la pompe, il n'en sort pas d'eau.

2° Que l'eau de la chaudière s'est introduite dans la pompe et que la soupape de refoulement ne retombe pas, si en soulevant la soupape de sûreté, il en sort de l'eau chaude.

3° Que les soupapes ne jouent plus, s'il n'entend plus le bruit continuel de leur jeu.

4° Que la pompe entière ne fonctionne plus, si le tube de refoulement est chaud. Toutes les réparations nécessaires doivent être faites de suite. Il sera bon dans ce cas d'avoir en réserve l'alimentation par retour d'eau ou ballons.

La pompe est ordinairement mue par la machine et alimente la chaudière d'une manière continue. Elle n'en doit pas moins fournir dans ce cas plus d'eau qu'il n'en faut pour remplacer celle qui est dépensée en vapeur par coup de piston ; et ce rapport est réglé dans la machine même. D'ailleurs, pour que le niveau de l'eau dans les tubes indicateurs demeure invariable, le chauffeur règle à la main l'ouverture du robinet de décharge.

En examinant souvent l'appareil, on peut prévenir tout accident. Néanmoins, s'il arrivait que le niveau de l'eau baissât rapidement dans le générateur et que le chauffeur ne vint à s'en apercevoir que tardivement, son premier soin serait après avoir fermé les registres d'ouvrir les portes du foyer. C'est le plus sûr moyen de ralentir l'ardeur du feu. Lorsqu'au bout d'un certain temps, l'eau aurait repris son niveau habituel, il remonterait les registres et fermerait le fourneau.

Régularisation du mouvement de la machine. — Les deux appareils spécialement en usage pour régulariser le mouvement de la machine sont le volant et le régulateur de Watt.

Le *volant* ou *roue de chasse* est situé sur l'arbre de couche. Il a pour effet d'entretenir le mouvement en entraînant l'axe et la manivelle. On conçoit aisément que lorsque le piston est au haut ou au bas de sa course, la manivelle et la bielle occupant toutes deux une position verticale, la force transmise par la bielle ne peut faire tourner la manivelle, et que le volant a besoin d'intervenir pour que par son poids il fasse dépasser l'un des points morts.

Le *régulateur à boules* ou *pendule conique de Watt* est formé de deux boules fixées par deux tringles sur un axe que met en mouvement le volant. Or, il arrive que, la vitesse de la machine dépassant certaines limites, la force centrifuge force les boules à s'écarter, et que si la machine marche trop lentement, l'effet contraire se produit. Le manchon mobile qui soutient les boules monte ou descend par suite de ces mouvements, et au moyen d'une série de leviers et de tringles qui le mettent en communication avec le robinet (valve à gorge) placé sur le tube qui amène la vapeur de la chaudière au cylindre, il règle l'arrivée de la vapeur par l'ouverture de ce robinet. Celle-ci arrivant en plus ou moins grande quantité dans le cylindre, fait accélérer ou diminuer la vitesse de la machine.

Des combustibles. — Le plus employé des combustibles est la houille. Le bois et la tourbe ne sont en usage que dans quelques manufactures, le coke n'est guère employé que pour les locomotives.

Les houilles se classent en deux catégories : houilles grasses et houilles maigres.

Les *houilles grasses* sont d'un noir éclatant, et brûlent très-facilement. Elles contiennent du bitume, aussi leur flamme est-elle très-blanche et leur fumée noire et aromatiqne. Souvent dans leur combustion, elles gonflent, se ramollissent et s'agglutinent en formant une sorte de matière pâteuse. La cassure de cette houille fait voir des filets brillants et en même temps des parties ternes qui se rapprochent des produits schysteux. On y trouve assez souvent des impressions végétales.

Les principaux *charbons gras employés dans le Nord* sont la flénue de Mons, les houilles de Ferfay et de Ames, de Nœux et Vicoigne, Béthune, Lens, Anzin, Fléchinelle, Auchy, Courrières, Aniche, ainsi que les charbons anglais.

Les *houilles maigres* sont d'un noir de fumée qui se rapproche du gris de fer, elles ont une surface et une cassure éclatantes. Cette houille est moins fragile que les autres et brûle plus difficilement. Comme elle ne contient pas de matières bitumineuses, elle ne gonfle, ni ne s'agglutine. Elle brûle avec une flamme moyenne bleuâtre, donnant assez de fumée, d'une odeur âcre et fétide. Ces houilles contiennent quelquefois des incrustations de coquillages ; elles renferment aussi des pyrites qui se délitent à l'air humide, s'y effleurissent et se changent en sulfate de fer. Cette transformation s'accompagne quelquefois d'un développement de chaleur suffisant pour qu'il se produise une véritable incandescence, ce qui arrive quelquefois dans les magasins où l'on conserve les matières combustibles.

Les principaux *charbons maigres employés dans le Nord* sont les houilles de Charleroi, qui comptent un grand nombre de fosses, de Carvin, de Meurchin, de Veudin et de quelques fosses d'Aniche et d'Anzin.

On alimente quelquefois les chaudières avec du coke, ou avec du poussier de charbon, mis en forme avec la terre glaise pétrie. On utilise aussi des briquettes formées de charbon en poudre et de goudron de gaz dont on a fait évaporer les huiles au four.

L'industriel vise surtout à la solution de ce problène tant étudié de nos jours : *l'économie du combustible.* Ceux qui se sont le plus occupé de cette question sont MM. Beaufumé, Théry, Duméry, Palazot, Carville, Cosserat et de Pindray, qui ont soit inventé soit perfectionné un grand nombre de foyers spéciaux et ingénieux. La description de ces appareils, qui serait trop longue, doit se trouver dans les ouvrages spéciaux.

CHAPITRE VI.

Des organes de mouvement.

C'est la machine à vapeur, dont nous venons de parler, qui communique le mouvement aux métiers d'une manufacture Du pignon que manœuvre le volant part une barre de fer, dite *arbre de couche*, qui s'étend sur toute l'usine et sur lequel sont disposées soit des poulies communiquant avec les machines au moyen de courroies, soit des roues d'angles directrices *d'arbre de transmission*. C'est là l'organe principal.

Mais les agents particuliers par l'intermédiaire desquels marchent les diverses pièces sont principalement les engrenages, poulies, bielles, excentriques et manivelles. Les engrenages comprenant les *roues*, *pignons* et *vis* sont avec les poulies l'organe qui fixe tout d'abord l'attention, nous nons y arrêterons plus longuement ; le reste n'est que secondaire.

Les *excentriques* sont employés dans certains métiers à filer et quelques peigneuses ; ils communiquent le mouvement de va-et-vient. Ils portent leur nom, parce qu'ils agissent à une distance plus ou moins éloignée du centre de rotation.

Les *manivelles* diffèrent des excentriques en ce qu'au lieu d'être appliquées immédiatement sur la surface plane de la roue, elles peuvent en être plus ou moins éloignées. En filature, on n'emploie guère que des manivelles simples (1).

Quant aux *bielles*, ce sont des tiges inflexibles servant à trans-

---

(1) On distingue les manivelles doubles et triples, les manivelles à longueur changeante et les manivelles à rouleau.

mettre à des distances quelconques le mouvement que leur communique le balancier. Nous en avons un exemple dans la machine de Watt.

ENGRENAGES.

On appelle engrenage la combinaison de deux ou plusieurs organes mécaniques qui, étant en contact, agissent les uns sur les autres au moyen de dents espacées avec régularité.

On produit trois mouvements par leur intermédiaire dont deux usités en filature : le circulaire continu, le circulaire alternatif et le rectiligne alternatif.

Conditions de direction et de marche. — Pour avoir un mouvememt facile, un engrenage devra posséder toute la douceur et l'uniformité possible. Mais ces deux qualités ne s'acquièrent qu'à certaines conditions.

Ainsi, on devra construire les roues d'une manière régulière, en espaçant également toutes leurs dents. La matière dont elles seront fabriquées sera la fonte, afin qu'elles jouissent d'une plus longue durée. Ce dernier principe a été contesté, mais il est reconnu aujourd'hui que les roues en fonte sont supérieures à toutes les autres, même à celles de bois. Les roues en bois se déforment et ne peuvent avoir des dents aussi nombreuses et aussi petites par rapport au diamètre que les roues de fonte. Elles ne sont guère employées pour une roue seulement que lorsqu'on veut adoucir le le mouvement de deux engrenages. Encore, dans ce système, les roues proprement dites seront toujours de fonte, mais des dents de bois dûr y seront enchassées ; on les ajustera toujours de façon à ne pas communiquer de chocs aux métiers, ce qui fait perdre une force considérable.

Le bois dur est encore utilisé quelquefois pour rendre le frottement des axes plus doux et par suite plus régulier ; alors, il est auparavant bouilli dans la graisse fondue.

Théoriquement, les engrenages seront toujours excellents lorsque la résultante de leurs pressions réciproques sera la plus petite possible et aussi quand les dents auront une telle forme que la puissance appliquée à la première roue et la résistance à la dernière se feront toujours équilibre en conservant la même valeur (1).

Dans la pratique, on juge qu'une roue est bonne quand elle est bien perpendiculaire à son axe, que son centre est bien à égale distance de toutes les extrémités des dents, que les tourillons remplissent exactement leurs boîtes, et aussi lorsque les dents sont égales et régulièrement espacées.

La denture des roues est presque toujours sur toute l'étendue de

---

(1) Examinons de quel coté devra être placé un pignon engrénant avec une roue dentée.

Pour qu'une roue engrène le mieux possible avec un pignon, il faut que ce pignon soit placé du côté où est la puissance, c'est-à-dire l'effort du moteur, que son axe soit au même niveau que celui de la roue et parallèle à ce dernier, et qu'en outre, la différence entre les deux diamètres soit la moindre possible. Supposons un pignon et une roue que l'on veut faire engréner ensemble, l'axe de la roue supportera une pression résultante de trois forces, la première le poids de la roue due à la pesanteur, la seconde la puissance, la troisième la pression des dents de la roue contre les dents du pignon. Cela posé, supposons que le pignon soit placé dabord du côté de la puissance, puis du côté opposé.

Dans le premier cas, la pression sur l'axe de la roue sera beaucoup moindre, parceque la résultante des trois forces sera exprimée par le poids de la roue et la difference entre les deux autres forces.

Dans le second cas, la pression sur l'axe de la roue sera la plus grande possible, parceque l'action sera due à la pesanteur, à la puissance et à la pression, en somme aux trois forces réunies.

On conçoit que le pression sera encore moindre lorsque l'engrenage aura lieu entre pignons et roues réunis par plusieurs intermédiaires, entre roues d'angles engrénant directement ensemble, entre roues et vis, etc. (v. plus loin)

Il est indispensable pour obtenir un bon résultat que le point de contact reste toujours le même, et que si l'on suppose une ligne droite aboutissant aux deux axes, l'extrémité de cette ligne qui s'abaissera devra toujours être sur le même plan que l'extrémité qui marche en sens contraire.

leur circonférence, mais on a utilisé quelquefois des quarts de roue ou des demi-roues dont la denture n'occupe qu'une partie du cercle. Ces roues communiquent à des règles dentées ou crémaillères un mouvement rectiligne alternatif.

Il est évident que les roues ne se mettront en mouvement qu'autant qu'elles auront un point de contact ; et pour que le mouvement transmis soit uniforme, il faut que les forces demeurent toujours égales entre elles. Les dents, courtes autant que possible, engrénent généralement aux deux tiers de leur profondeur, et pour que leur échappement soit facile, on leur laisse un jeu égal au vingtième du vide qui se trouve entre elles.

Roues et pignons. — Les roues sont des cercles dentés traversés à leur centre par des arbres nommés axes (1). On se sert du mot pignon pour distinguer dans un engrenage la roue qui communique le mouvement d'avec celle qui le reçoit. Le pignon est ordinairement plus petit que la roue.

On distingue, d'après leur forme et leur disposition, les roues droites et les roues coniques ou à angle. Les premières sont celles qui communiquent le mouvement en ligne droite et suivant la direction de leur plan, les secondes communiquent le mouvement à angle droit et ont la forme d'un cône tronqué.

Les roues se rencontrent généralement dans trois dispositions variées, soit engrénant deux à deux, soit avec intermédiaires, soit en combinaison.

1° Quand elles engrénent *directement et deux à deux*, elles tournent chacune en sens contraire. Mais elles ont une vitesse différente selon leur grandeur réciproque. S'il s'agit de deux roues d'un nombre égal de dents, elles accomplissent leur révolution dans

(1) L'axe est l'arbre central auquel la roue est perpendiculaire; la partie circulaire qui forme la circonférence se nomme la *jante ;* la charpente qui réunit la jante à l'axe est l'*armature*, puis vient la *denture*, l'écartement des dents entre elles s'appelle *pas*.

le même temps. Mais si on fait engréner une roue et un pignon, le nombre de tours que l'une et l'autre décriront en même temps sont en raison inverse du nombre de leurs dents, de sorte que si l'une a 6 dents et l'autre 60, la petite décrira 10 tours, tandis que la grande n'en fera qu'un seul. Mais on conçoit que la petite roue ayant moins de dents doit gagner en nombre de tours ce qu'elle perd en nombre de dents, et que l'axe de la petite marche plus vite que l'axe de la grande.

Il suit de là que si on veut faire tourner un axe lentement, on y adaptera une grande roue et que si on veut le faire tourner rapidement en y mettra un pignon.

Ce mouvement de l'axe par rapport à la circonférence est la vitesse de la roue.

On peut avoir en filature à calculer cette vitesse ou à la changer.

Pour calculer la vitesse, on multiplie le nombre des dents du pignon commandeur par la vitesse de ce pignon, puis on divise le produit par le nombre des dents de la roue commandée. Voici un exemple :

Un pignon de 30 dents, ayant une vitesse de 40 tours par minute, commande une roue de 150 dents, qu'elle sera la vitesse de cette roue ?

$$\frac{30 \times 40}{150} = 80 \text{ tours par minute (1).}$$

Quand on veut changer de vitesse, on multiplie le pignon donné

---

(1) Ce qu'on peut représenter par la formule $\frac{n\ v}{N} = V$, par laquelle trois des quantités étant données on peut trouver l'autre :

Nombre de dents de la roue : $\frac{n\ v}{V} = \frac{30.40}{80} = 150$ dents.

Nombre de dents du pignon : $\frac{N\ V}{v} = \frac{150 \times 80}{40} = 30$ dents.

Vitesse du pignon : $\frac{N\ V}{n} = \frac{80 \times 150}{30} = 40$ tours.

par la vitesse demandée et on divise ce produit par la vitesse trouvée.

Si avec un pignon de 32 dents, une roue fait 80 tours dans l'unité de temps, combien de dents aura le pignon si on veut obtenir 100 tours.

$$\frac{32 . 100}{80} = 40 \text{ dents pour } 100 \text{ tours.}$$

2° Si deux roues sont *en rapport par des intermédiaires*, elles tournent dans un sens ou dans l'autre suivant le nombre de ces intermédiaires. Avec un seul, elles tournent en sens opposés, s'il y en a un second, c'est comme s'il y avait deux paires de roues et pignons, et elles tournent dans le même sens.

Il s'ensuit que si l'on veut faire tourner dans le même sens deux roues éloignées, on leur interposera un nombre impair d'intermédiaires et dans le cas contraire un nombre pair. Ces intermédiaires peuvent être droits ou coniques.

Dans les calculs de vitesse, on en tient aucun compte.

3° Les roues sont toujours *combinées entre elles* sur les divers métiers. Dans ce cas, on ne tient compte que des roues commandées et des roues conmandeurs (pignons) sans faire cas des intermédiaires.

Pour avoir le rapport de vitesse entre la première et la dernière de ces roues, on fait d'un côté le produit des nombres de dents de la première roue, de la troisième, de la cinquième ; de l'autre celui de la seconde, de la quatrième, de la sixième ; on aura le rapport cherché en comparant ces produits. On peut dire de la sorte que ce rapport est en raison composée des dentures des pignons ou roues qui transmettent le mouvement et de celles des roues qui le reçoivent.

Lorsqu'on détermine les dentures, on suit généralement la règle de donner aux roues des nombres de dents qui ne soient point exactement multiples de ceux des pignons, de sorte que si l'on veut que le pignon fasse cinq tours et la roue un seul, en supposant que le pignon ait 10 dents, au lieu de donner à la roue 50 dents, on lui on donne 49 ou 51, et cela pour que les dents se rencontrent moins fréquemment. On suit aussi la règle de rendre les dentures le plus nombreuses qu'il est possible pour que le mouvement ait plus de douceur, et pour que les dents aient moins de saillie et éprouvent un moindre effort.

Il est de règle aussi que la division d'une roue à l'autre ne doit pas dépasser le rapport de 1 à 5, en d'autres termes l'une ne doit pas être cinq fois plus grande ou plus petite que l'autre.

Des vis. — Les vis sont très-employées en filature, on les rencontre dans presque tous les compteurs, dans les métiers à spirales ou à vis, dans la peigneuse Girard, etc. Les vis à double et à simple filet sont seules en usage. Leur principal service est de permettre sans grande complication une division considérable dans le mouvement.

POULIES.

Les poulies diffèrent des roues en ce que leur surface, au lieu d'être dentée, est plane et présente une certaine largeur.

Elles sont surtout employées pour transmettre le mouvement à de grandes distances, ce qui ne pourrait se faire avec des roues sans employer un grand nombre d'intermédiaires. Elles agissent alors au moyen de courroies appliquées à leur surface et suffisamment tendues.

Chaque métier possède deux poulies, l'une adhérant à son axe, dite *poulie motrice* ou poulie *de commande*, parce que c'est par elle que le mouvement se communique aux engrenages, l'autre dite *poulie folle*, libre sur son axe. Quand la courroie enveloppe la première, le métier fonctionne; quand elle entoure la seconde tout travail cesse. Une fourchette qu'on peut manœuvrer avec la main permet de faire passer la courroie d'une surface à l'autre.

Quand plusieurs poulies sont mues par une seule courroie, elles portent alors les noms de *galopins*, poulies *intermédiaires* ou de *renvoi*. C'est ce qui arrive pour les cardes. Elles servent à changer la direction du mouvement.

Lorsque deux poulies fonctionnent sous l'action d'une seule courroie, elles ont un mouvement dans le même sens. Mais si la courroie est croisée le mouvement de l'une est en sens contraire de celui de l'autre.

Tont ce qui a été dit pour le rapport de grandeur des engrenages, peut aussi s'appliquer aux poulies. Ainsi de deux poulies dont l'une est trois fois plus petite que l'autre, la plus grande fera trois fois moins de révolutions autour de son axe.

On peut avoir en filature à connaître la vitesse d'une poulie commandée par une autre, à changer cette vitesse, ou à rechercher le diamètre d'une poulie pour recevoir une vitesse donnée.

Quand on veut connaitre la vitesse que devra avoir une poulie commandée par une autre, on fait le produit de la vitesse par minute de la poulie commandeur par son diamètre, et on divise par le diamètre de la poulie commandée.

Ainsi si une poulie d'un diamètre de 80 cent., faisant 110 tours par minute, en commande une seconde de 20 cent. de diamètre, quelle sera la vitesse de cette poulie commandée ?

$$\frac{110 \times 0,80}{0,20} = 440 \text{ tours par minute.}$$

Quand on veut changer la vitesse, il faut faire le produit de la vitesse connue par le diamètre de la poulie et diviser par la vitesse qu'on veut avoir.

Ainsi si au lieu de 110 tours dans l'exemple précédent, on veut en obtenir 100, la poulie qui fera ce nombre de tours aura comme diamètre :

$$\frac{0,80 \times 110}{100} = 0,88 \text{ centimètres de diamètre.}$$

Quand on cherche à connaître le diamètre d'une poulie commandée pour recevoir une vitesse donnée, il faut multiplier la vitesse de la poulie commandeur par son diamètre, et diviser ce produit par la vitesse qu'on veut obtenir. Ce sont les mêmes calculs que précédemment.

On conçoit que les courroies qui entourent les poulies étant sujettes à un continuel frottement ne communiquent pas le mouvement avec une précision mathématique. Il est bon de déduire en moyenne au moins 4 % sur les résultats obtenus.

Les principaux frottements sont dus aux jonctions (qui se font soit à l'aide de cordons de cuir, soit au moyen de vis de Scellos : ce dernier moyen est dit-on, préférable.) Dans les filatures au mouillé on est obligé de graisser les courroies, afin d'obtenir plus de régularité dans le mouvement.

Il est assez difficile de déterminer la largeur que doivent avoir les courroies et la force qu'elles peuvent transmettre : ce n'est que par une longue pratique qu'on y arrive.

Ainsi unè courroie de 20 mètres qui développera 250 mètres par minute, transmettra la force d'un cheval si elle à 65 millimètres de largeur, de deux chevaux si elle a 90 millimètres. Le tableau suivant en rend compte.

Développement de la Courroie 250 m. par minute	Longueur de la Courroie	FORCE TRANSMISE 1 cheval	1 chev. 1/4	1 chev. 1/2	1 chev. 3/4	2 chevaux
	pour 20m	65 mm	70 mm	75 mm	80 mm	85 mm
	16	70	75	80	85	90
	12	75	80	85	90	95
	6	85	90	95	100	105

Une courroie qui développerait une *plus forte* quantité aurait sa largeur *diminuée* de 0,001 par 10 mètres, une quantité *moins forte* serait *augmentée* de 0,001 par 10 mètres.

Cylindres. Développement. — Les cylindres peuvent être considérés comme des poulies larges et pleines et agissent toujours par contact. Néanmoins, comme ils ont toujours peu de prise l'un sur l'autre il faut que la pression les unisse, et l'un devient commandeur. Tous deux tournent en sens contraire.

La longueur qu'ils peuvent débiter en une minute s'appelle *débit* ou *développement*. Il en est de même des poulies.

Le développement est égal au produit de la circonférence par la vitesse. Or, comme la circonférence est égale au diamètre multiplié par π ou 3,1416 ou $\frac{22}{7}$ (1), le développement est égal au produit de la vitesse par la circonférence multipliée par 3,1416.

Le développement d'un cylindre ou d'une poulie de 40 cent. de diamètre qui fait 130 tours par minute sera d'après ces principes

$$130 \times 0{,}40 \times 3{,}1416 = 163{,}37 \text{ ou bien } \frac{130 \times 0{,}40 \times 22}{7} = 163{,}43$$

TABLEAU DE CIRCONFÉRENCES

Calculées d'après les diamètres, variant d'un quart de pouce, de 1 *à* 6 *pouces.*

Diamètre	Circonférence	Diamètre	Circonférence	Diamètre	Circonférence	Diamètre	Circonférence
1	3,14	2 1/4	7,06	3 1/2	10,99	4 3/4	14,91
1 1/4	3,92	2 1/2	7,85	3 3/4	11,77	5	15,70
1 1/2	4,71	2 3/4	8,63	4	12,56	5 1/4	16,48
1 3/4	5,05	3	9,42	4 1/4	13,34	5 1/2	17,27
2	6,28	3 1/4	10,20	4 1/2	14,13	5 3/4	18,05

(1) Le signe π exprime le rapport de la circonférence au diamètre qui est toujours un nombre constant ; sa valeur calculée par Archimède est de $\frac{22}{7}$ ou 3,1428, calculée par Métius de $\frac{355}{113}$ ou 3,1416. Ce dernier nombre est toujours adopté comme le plus exact.

CHAPITRE VII.

Machines supplémentaires.

Il est certaines machines employées dans quelques filatures, mais qui n'en font pas exclusivement partie, nous les désignerons pour cette raison sous le nom de *machines supplémentaires.* Les principales sont l'espade, l'ébouteur et la coupeuse.

La première supplée au teillage et est destinée à nettoyer le lin, lorsque celui-ci, à l'état brut, contient encore trop de chenevotte autour de ses fibres pour subir avantageusement l'opération du peignage.

L'ébouteur a pour but de débarrasser le lin des extrémités les plus grossières formées de la tête et des pieds. Cette machine est très-peu employée à cause des mauvaises étoupes, hachées et menues, qu'elle fournit. On y supplée généralement par un léger peignage à main.

La coupeuse est surtout employée dans la *filature de lin coupé.* Cette manière de traiter le lin donne souvent d'excellents résultats. Elle permet d'obtenir au peignage un rendement plus fort, puisque les peignes agissent sur des fibres de même section ; pour la même raison, elle donne un fil plus régulier.

On coupe le lin en deux parties, plus souvent en trois, la tête, le milieu et les pieds. On calcule qu'avec le milieu on peut obtenir un fil de qualité supérieure, d'un numéro beaucoup plus élevé que par la masse entière, qu'avec la tête le fil aura même qualité et même numéro, et qu'au moyen des pieds le fil sera beaucoup moins fin, mais aussi plus régulier que si on avait filé toute la fibre. Un mélange de la tête et des pieds produit un fil beaucoup plus beau que ces deux parties traitées à part.

Espade. — Cette machine se compose principalement de deux fourches, mues chacune par deux roues s'engrénant directement, et qui les font tourner par conséquent en sens inverse. Elles font environ par minute de 80 à 100 révolutions et sont disposées de façon à ne jamais se heurter. Un demi-tambour qui les entoure se rattache à un arbre horizontal en fonte, placé au-dessus d'elles, et muni d'une coulisse sur toute sa longueur. La mèche de lin introduite dans cette fente pend environ de la moitié de sa longueur; et battue et nettoyée par les bras mobiles se débarrasse entièrement de la paille qui l'entoure.

On a soin dans tous les cas, pour éviter toute coupure, de ne pas donner trop de tranchant à ces lames; et de ne laisser dépasser le lin que d'une longueur suffisante pour qu'il ne puisse s'enrouler autour des bras.

Cette machine, comme nous l'avons déjà dit, ne peut que suppléer au teillage, et non le remplacer, car elle donne des résultats moins satisfaisants que le travail manuel.

Ebouteur. — Les mèches de lin sont ici introduites entre deux plaques cannelées formant mâchoire, et placées à l'extrémité d'un arbre qui tourne avec une certaine rapidité. Deux peignes à dents triangulaires sont situés sur les côtés de la machine. Mais le système est disposé de telle sorte que lorsque l'arbre tourne à droite, le peigne de gauche soit abaissé, et que lorsqu'il tourne du côté opposé, le peigne de gauche soit relevé et celui de droite abaissé. On peut de cette manière dégager les extrémités sur les deux faces à la fois.

Le système de poulies qui fait marcher cette machine est assez remarquable. L'arbre principal porte trois poulies accolées l'une à l'autre, et a sur son axe une roue dentée qui engrène directement avec une autre fixée sur un arbre voisin et parallèle; ce dernier est entouré de trois poulies semblables et de même dimension, mais qui se correspondent toutes de la manière suivante :

1re Poulie	— fixe.	Poulie correspondante	— folle.
2e »	folle.	»	folle.
3e »	folle.	»	fixe.

On conçoit dès lors que si la courroie est placée sur la poulie du milieu, elle ne peut plus faire fonctionner le métier, que si elle est placée sur la première poulie, elle tourne dans le sens de la poulie fixe et sur la troisième dans le sens de l'autre poulie fixe. Les roues dentées favorisent ce mouvement et la courroie est guidée par une fourchette.

Le seul avantage de l'ébouteur est de permettre de filer à un numéro plus élevé, son grand désavantage est de donner des étoupes qu'on ne peut employer que difficilement.

Coupeuse. — La partie principale de cette machine est une roue tournant avec une extrême rapidité, garnie de dents obtuses placées sur deux rangs et destinées à trancher le lin. Ces dents sont placées en quinconce, afin d'obtenir le plus d'irrégularité possible dans la coupure, et par suite de permettre aux fibres une plus facile division dans le travail de la filature. Les mèches sont poussées en avant au moyen de poulies à gorge fortement pressées les unes contre les autres par des leviers et des ressorts. En les poussant, on en tient les extrémités avec chaque main.

Les coupeuses sont simples ou doubles.

Le coupage du lin se fait ainsi rapidement et d'une manière assez satisfaisante. Néanmoins, il faut éviter, ce qui arrive parfois, que les mèches de lin ne s'engagent dans les engrenages ou autour des arbres. On emploie beaucoup la coupeuse en Angleterre et en Belgique, et depuis quelques années surtout, elle fonctionne dans un grand nombre de filatures françaises.

CHAPITRE VIII.

Peignage. — Peignage à la main.

De toutes les opérations préliminaires qui précèdent le travail du lin sur le métier à filer, la plus importante est sans contredit le peignage.

Lorsque les bottes arrivent dans les filatures, leurs filaments sont encore entourés d'ordures et de chenevotte et toujours quelque peu mêlés ; il est donc nécessaire de les soumettre à une nouvelle opération qui les rende propres à être filés. Cette dernière a pour résultat de séparer la matière première en deux parties : les *longs brins* et les *étoupes*, que l'on traite séparément.

On a pour but en peignant le lin d'en séparer les filaments les uns des autres, et par suite de les répartir d'une façon égale et parallèle lorsqu'ils formeront un ruban.

Les lins qui demandent le peignage le plus soigné sont ceux que l'on destine à la confection des fils de grande finesse : car, soumis en bloc, après un mauvais peignage, à l'action des machines étireuses, ils ne formeraient qu'un fil irrégulier dans sa longueur et à sections très-inégales. Il suit de là que plus le produit que l'on veut obtenir doit avoir de beauté et de finesse, plus aussi on doit soigner le peignage de la matière première. Un bon lin qui a, comme on dit, de *mauvaises pointes*, a toujours une moindre valeur.

C'est donc une opération importante que la division du lin par le peignage puisque d'elle dépend en grande partie la qualité du fil. Aussi les précautions à prendre sont-elles infinies. Ainsi, tous les lins ne sont pas susceptibles d'être peignés de la même manière, et même bien qu'une division bien accentuée soit préférable à un peignage imparfait, il serait quelquefois fautif de les peigner complètement ; le filateur doit examiner s'ils ont, comme on le disait autrefois, *assez de nature* pour donner tel ou tel genre de fil. On doit se rappeler que les *déchets* et les étoupes que l'on peut obtenir, tout en ayant un certain prix sont cotés à une moindre valeur que les filaments du lin, or, comme plus on peigne un lin, plus on lui enlève de déchets, plus aussi on diminue le poids de la matière la plus utile, plus on s'expose à en altérer la valeur.

Juger jusqu'où doit aller le peignage n'est pas chose facile : on doit se guider en cela sur le numéro que le fil peut donner. Chez les ouvriers, l'expérience et la connaissance de la matière font trop souvent défaut. Les instruments mécaniques peuvent mieux régler la chose, et encore un seul ne peut-il servir au peignage de tous les lins, à moins que le systême ne soit tel qu'il ne se prête aux divers changements. Concluons qu'on ne doit pousser très-loin la division du lin qu'autant que le lin lui-même le comporte et qu'on doit dans tous les cas veiller à faire le moins possible d'étoupes et de déchets.

D'après ce que nous venons de dire, on a vu que le peignage avait lieu de deux façons : *à la main* et *à la mécanique*. Il est facile de dire quel systême on doit employer de préférence, car les résultats les plus satisfaisants ont été jusqu'ici donnés par les machines. Leur peignage est quelquefois si parfait qu'on ne peut presque prétendre à mieux. Mais outre l'avantage qu'elles procurent de donner de beaux produits, les machines sont encore précieuses en ce sens qu'elles donnent une économie de temps réelle et une main-d'œuvre beaucoup moindre.

Nous allons exposer quelques principes d'après lesquels on devra se guider pour l'opération dont ce chapitre est l'objet.

D'une manière générale tout effort doit être banni du peignage, on doit par conséquent se garder de peigner trop durement et trop longtemps.

La longueur du filament est souvent chose essentiellement requise, nécessaire même pour la formation des fils. Ceux qui veulent donner au lin un peignage fort accentué, le lacèrent parfois, le diminuent de longueur : l'opération qu'ils font subir au produit devient alors désavantageuse. l'intérêt et l'expérience doivent guider le filateur. Aller au delà des limites voulues et toujours inutile à cause des étoupes qu'on obtient : ces derniers produits, comme nous l'avons dit plus haut, ont une valeur beaucoup moindre que le long brin. Ajoutons que ces étoupes donnent un déchet considérable dans le travail des cardes.

Un autre principe à observer, c'est qu'il faut toujours peigner en rapport avec la qualité du lin. Tel produit qui peut être divisé sur des peignes à pointes distancées ne peut que se déchirer et fournir beaucoup de rebut sur des peignes fins. D'autres lins au contraire peuvent être peignés de prime abord sur ces derniers peignes. Les peigneurs à la main ont ordinairement à leur disposition des peignes de différentes finesses dont ils usent à volonté. Quant aux machines nous verrons plus loin qu'on les conduit de telle sorte que les peignes dont elles se composent ne sont pas tous semblables entre eux.

Terminons en disant qu'il faut aussi toujours éviter de peigner la masse du lin d'un seul trait. La fibre qui compose le long brin est encore, comme nous le savons, entremêlée de *pailles* provenant de la chenevotte, de nœuds, de fines étoupes et d'une quantité de matières étrangères. Les dents du peigne, en rencontrant ces nouveaux produits sur tout le parcours du filament, les arrêteraient et briseraient en même temps une bonne partie du lin. Et en supposant la fibre la plus belle possible, les étoupes qui se formeraient s'amassant tout d'un coup à l'extrémité seraient souvent en si grand nombre que, pressant les longs brins contre les dents, elles forceraient le lin qui supporte toujours la traction du peigneur, à se briser sous l'effort ; ceci constitue une nouvelle masse d'étoupes amenées par la faute seule de l'ouvrier. Les bons peigneurs ont soin dans la pratique de dégager avant tout les extrémités : ils évitent ainsi aux étoupes des *boutons* qui les rendent mauvaises et aux longs brins de fréquentes ruptures.

Les machines à peigner sont construites de manière à ce que ce principe soit observé.

PEIGNAGE A LA MAIN.

En France, le peignage à la main tend de jour en jour à être remplacé par le peignage mécanique, surtout chez les grands manufacturiers. Il n'est généralement en usage que dans les petites usines et dans les établissements qui commencent à fonctionner ; ou bien encore il est adjoint au peignage mécanique. La cherté des machines, les réparations fréquentes dont elles sont l'objet, la routine même toujours ennemie du progrès, empêchent qu'il ne soit complètement supprimé (1).

D'après les principes que nous avons exposés plus haut, on doit comprendre que les bons peigneurs sont rares et reçoivent par conséquent un salaire proportionné à leur savoir-faire. On rencontre rarement ce que l'on pourrait appeler des maîtres-peigneurs, qui sachent en même temps que bien peigner toutes sortes de lins, donner à chacune des mèches un travail proportionnel et les assortir un peu. Ceci tient à la facilité avec laquelle les ouvriers changent d'ateliers. En Angleterre, on ne peut être peigneur qu'après cinq ans d'apprentissage ; chez nous, après un travail de trois mois, chacun se croit passé maître.

---

(1) On gagne par les machines une économie de temps, d'argent et d'espace. Ainsi le prix de revient pour chaque mèche est beaucoup moindre, le travail est plus abondant (3500 kg. peignés en moyenne pour 6 journées de 12 heures) et souvent plus satisfaisant. En outre, l'emplacement d'une machine demande beaucoup moins d'étendue. D'ailleurs, les lins sont toujours beaucoup mieux travaillés sur une longue série de peignes mécaniques que sur trois ou quatre peignes de main.

Rien de plus simple que la disposition d'un atelier de peignage à la main. Dix ou vingt ouvriers sont rangés dans un ordre quelconque et suivant la disposition de la salle, devant eux et à hauteur d'homme est situé dans une position horizontale et parallèlement à la muraille le *banc de peignage*, simple planche de 0m 30 à 0m 35 centim. de largeur sur 0m 40 d'épaisseur, soutenue de distance en distance par d'autres planches verticales. Le banc de peignage est éloigné de la muraille d'environ 1m 25 ; des lattes en bois, placées dans une position oblique, occupent cet espace, et vont se rattacher à des boites à compartiments placées devant chaque peigneur qui y pose ses étoupes par qualités. Sur le banc sont assujetties pour chaque ouvrier cinq ou six planchettes surmontées de pointes de fer ou d'acier plus ou moins distancées et plus ou moins fines qui tiennent lieu de peignes : ce ne sont en réalité que plusieurs peignes rangés parallèlement. Le but de ces planchettes est d'empêcher l'ouvrier d'enfoncer trop profondément son cordon dans les dents. Elles sont fixées par une des extrémités à de petits morceaux de bois de manière à prendre l'inclinaison des lattes, et aussi rangées par ordre comme rapprochées autant que possible les unes des autres de manière à prendre moins d'espace et à déranger très-peu l'ouvrier. Des boulons en métal les retiennent à leur base, afin de les rendre immobiles. Dans tous les cas, il va sans dire que l'inclinaison de ces planchettes est laissée à la volonté du maître ; elle doit être réglée selon la taille de l'ouvrier. On avait autrefois l'habitude de les élever de trop et le peigneur était souvent obligé de se baisser pour atteindre les aiguilles : il faut prendre garde de ne pas tomber dans la même erreur. Cette méthode avait encore l'inconvénient d'obliger l'ouvrier qui se baissait à donner des coups secs et durs, et à occasionner ainsi un grand nombre de ruptures.

A gauche, sur le banc, sont enfoncés par une extrémité, quatre bâtons rectangulaires disposés en carré quelquefois munis de deux planchettes parallèles et entre lesquelles l'ouvrier pose les mèches à mesure qu'elles sont peignées. Quant au lin brut, il est placé le plus à portée de l'ouvrier, souvent à sa droite sur le banc de peignage. L'homme y puise à volonté mêche par mêche de manière à avoir un poids de 1/2 kilogramme par quatre mêches. Il est à remarquer néanmoins que la qualité du lin, la manière de le traiter, peut faire quelquefois varier ces données ; ainsi le lin coupé en deux n'est employé que par 0,30 à 0,65 grammes, le lin coupé en trois ou en quatre par mêches de 0,25 à 0,55 grammes. Le lin long est souvent disposé sur le banc par bottes de 1 kilogramme 1/2 contenant 12 mêches

Pour exécuter son travail, le peigneur prend d'une main une mêche sur la planche à lin, et la tenant par le milieu avec l'autre main commence à la peigner par une extrêmité ; lorsqu'il a fini d'un côté, il retourne le cordon et recommence de l'autre : cette opération faite, il retire les étoupes qui embarrassent les peignes. les place dans la *boîte à étoupes* sans mêler les diverses qualités, après avoir mis la mêche peignée entre les quatre bâtons et parallèlement à eux. Quand la boîte à compartiments est pleine d'étoupes, on met ces dernières dans des sacs, puis on les envoie aux cardes. Daus beaucoup d'ateliers, on vide chaque soir tous les compartiments.

Quant aux mêches, pour les empêcher de se mêler entre elles, on ne les empile qu'après leur avoir donné une légère torsion au tiers de leur longueur ; ainsi disposées, elles portent le nom de *queues de cheval.* Quand elles forment un certain poids, le peigneur relie toutes leurs extrêmités en les tordant fortement, et il en forme ainsi une masse cylindrique qu'il place sur une longue planche *(planche à lin)* qui traverse toute la salle au-dessus des ouvriers. Quand il y a une quantité suffisante de matière peignée, on la porte à la table à étaler.

C'est ainsi qu'est disposé un atelier de peignage. On conçoit que cette disposition que nous avons essayée de rendre aussi générale que possible, peut différer dans quelques établissements. Nous en terminerons la description par quelques détails.

On donne généralement à l'ouvrier quatre peignes : les plus gros que les anglais appellent *Ruffers* portent une quinzaine d'aiguilles sur chaque rang, les trois autres en portent généralement (Gils, 1/2 Ruffers) 26, 32, 60. Il arrive quelquefois que l'on ait besoin de peignes plus fins, de 140 à 180 aiguilles par exemple ; dans ce cas, on les ajoute aux autres ou on en forme un second banc. Il y a peu de filatures en France où l'on se sert de ces derniers peignes, la finesse moyenne y est généralement comprise entre 15 et 80.

On devra, autant qu'on le pourra, avoir des peignes en acier trempé, rarement en fer, jamais en fonte. Ils doivent en outre être bien ronds et bien polis ; généralement, c'est ainsi qu'on les voit sortir des ateliers de fabrication, et il n'est presque plus de filatures qui fassent usage des anciens peignes à aiguilles rectangulaires et à pointes prismatiques. Sur ces instruments le lin se coupe ou se brise.

Comme les planchettes sur lesquelles reposent les peignes occupent plus d'étendue que les pointes, on peut pour ménager l'espace les rapprocher et se servir d'un seul boulon pour fixer deux planchettes. On ne devra le faire néanmoins qu'autant qne cette disposition ne gêne la manœuvre du peigneur. Nous la croyons avantageuse parce qu'alors les aiguilles des peignes arrivent toutes à la même hauteur, la longueur diminuant en rapport avec la finesse.

Les précautions que doit prendre l'ouvrier sont nombreuses.

Ainsi son premier soin doit être de bien serrer la mêche entre ses mains, de manière à ne laisser échapper aucun filament.

En outre, il est en règle qu'il tienne cette mêche par le milieu. Dans la pratique, pour donner plus de ténacité à la traction qu'il doit faire subir au lin, il en roule autour de la main la moitié de la mêche qu'il peigne. Cette manière d'agir, bien que forcée, est un des grands inconvénients du peignage à la main. On voit en effet que l'ouvrier, à l'endroit où il serre son lin, forme une masse assez dense sur laquelle les dents du peignage ne peuvent parfaitement agir. En outre, comme il est toujours obligé d'imprimer une certaine torsion à sa mèche, les dents peuvent briser une quantité de filaments minime il es vrai, mais réelle. Il arrive aussi quelquefois que cette partie des mèches est à peine effleurée. Par contre, si le milieu est mal peigné, les extrêmités le sont souvent trop, elles forment alors un ensemble lâche et flottant, inaccessible au peigne.

Néanmoins, ces inconvénients sont peu de chose si on les compare au désavantage qui résulterait d'une autre manière de peigner. supposons en effet qu'il tienne sa mèche par une des extrêmités. Il en résulterait que le lin supporterait une forte traction par un bout, tandis qu'il serait libre de l'autre côté ; de la sorte, le lin se briserait en partie avant que le peigne pût agir sur le tout, et en même temps qu'on n'obtiendrait que peu de filaments entiers, on serait obligé de se contenter d'étoupes trop longues et par conséquent se travaillant mal à la carde. Si on tenait la mèche assujettie au tiers, on subirait les désavantages que présentent les deux manières de peigner. Comme on le verra plus loin, la mécanique fait disparaître tout obstacle à cet égard.

Les peigneurs doivent avoir soin de ne jamais laisser les étoupes s'accumuler dans les peignes, ils doivent les retirer plutôt deux fois qu'une. Néanmoins, il est difficile de poser des règles sur ce sujet. Souvent les ouvriers, prenant les étoupes à deux mains de chaque côté du peigne, les enfoncent sur les planchettes jusqu'à ce qu'ils en aient fait une masse gênante, qu'ils jettent alors dans la boîte à étoupes. Ce systême est quelquefois bon, mais c'est à l'ouvrier à juger s'il doit constamment s'y conformer. Il retire ces étoupes à la main, quant aux brins qu'il ne peut détacher de la même manière, il en débarrasse les peignes au moyen d'un petit instrument en acier très-mince et non aiguisé. Remarquons encore qu'en arrachant par trop fortes masses les étoupes d'entre les peignes, il peut les gâter et briser inévitablement des filaments.

Nous avons dit plus haut que les ouvriers avaient plusieurs peignes à leur disposition : la raison en est simple. C'est qu'en effet on ne peut pas toujours peigner le lin du premier coup sur des peignes fins sans en obtenir de grands déchets ; il est bon de commencer par opérer un certain dégagement dans la masse, parce qu'on arrive ensuite à un travail plus complet. Ainsi, par exemple, lorsque au moyen de gros peignes, on divise en mêchettes parallèles les filaments enchevêtrés les uns dans les autres, on rend ainsi le produit susceptible d'être travaillé sur d'autres peignes. Cependant l'ouvrier doit juger par lui-même s'il doit faire agir le lin sur les grosses pointes ou sur celles qui sont plus fines. Cela dépend en même temps de la qualité de la matière première que de la manière dont elle a subi les opérations préliminaires au peignage : un lin cassant ou mal teillé demandera un peignage beaucoup plus long qu'un lin fin et bien travaillé.

On sait que certains lins n'ont besoin que de passer sur un ou deux peignes fins, d'autres qui seraient lacérés si on agissait de la sorte sont divisés sur de gros peignes, il en est quelquefois qui demandent à être si dégagés qu'on doit les faire passer par toute la série. Les gros peignes servent souvent à faire disparaître les bouts irréguliers, dans certains ateliers on exécute ce travail sur un petit triangle en acier placé à côté de l'ouvrier. Il est bon d'ajouter qu'aucune précaution n'est ici de trop : un effort trop fortement accentué briserait la matière, pourrait (ce qui est rare) fausser les dents du peigne et produirait de mauvaises étoupes.

Encore une autre observation. Au lieu de faire glisser la mêche dans toute sa longueur entre les dents du peigne, il est préférable de n'agir que parties par parties. En s'enfonçant dans la mêche, les aiguilles la divisent complètement au premier coup, un grand effort serait alors superflu ; si on relève cette mêche et qu'on répète la même opération à quelques centimètres plus loin, l'effet voulu sera encore produit et la mêche bien divisée en cet endroit. On voit que si (lorsqu'on sera de la sorte arrivé à l'extrémité), on reprend le même travail plusieurs fois sur toute la longueur de la mêche, celle-ci sera beaucoup mieux peignée que si elle avait été travaillée en deux ou trois coups de peigne. Dans la pratique, les ouvriers appliquent ce principe en lançant vivement la mèche dans les peignes et en la repiquant plus loin lorsqu'ils sentent une légère résistance ; lorsqu'ils sont arrivés au point où leur main touche les peignes, ils s'arrêtent ; ils ont soin en agissant ainsi de développer le cordon en éventail sans dépasser le peigne, mais en le couvrant entièrement, de manière que les divers filaments, tout en étant bien distincts les uns des autres, soient tous peignés. D'un autre côté, lorsqu'ils commencent à peigner la mèche et que par conséquent ils attaquent l'extrémité, ils la maintiennent de la main gauche près du peigne, afin de laisser les fibres intactes (1).

C'est par la stricte observation de ces principes que l'on peut arriver à de bons résultats dans le peignage à la main, et aussi par le bon ordre et une active surveillance dans l'atelier. L'établissement de la *peignerie*, surtout dans les établissements qui filent des lins variés à de hauts numéros, est un des points les plus importants dans l'organisation totale. On doit y établir autant que possible un règlement qui prévienne toute erreur, et comme les fraudes peuvent y être fréquentes en même temps que faciles, il est urgent de faire bien observer la loi imposée. C'est au contre-maître de l'établissement ou au surveillant particulier de l'atelier, s'il y a lieu d'en avoir un, de prévenir toute négligence et d'examiner avec soin les travaux des ouvriers.

On paie généralement en raison de la production et comme on dit *à la pièce ;* on ne doit jamais pour les peigneurs faire un paiement *à semaine bonne*. Car, dans le premier cas, chacun est

---

(1) Dans certains ateliers, on rencontre ce que l'on appelle des *apprentis-peigneurs* qui s'exercent sur les étoupes à retirer ce qui reste d'utilisable et qui en forment des paquets désignés par opposition sous le nom de *court-brin*. Ce travail que l'on confie ordinairement à des enfants, est presque complètement disparu de notre pays, et de fait on devrait complètement le supprimer ; l'opération du peignage est trop fatigante pour être confiée à des enfants, en outre les rémunérations qu'on peut donner à ces derniers ne sont pas en rapport avec le résultat : On ne retire au bout d'une journée que 1 à 2 kilogrammes de court-brin.

payé selon son travail ; dans le second, l'ouvrier certain du salaire peut s'il est négligent recevoir autant qu'un travailleur.

Comme les peigneurs sont généralement peu nombreux et que chaque ouvrier fait un travail particulier, le peignage doit avoir un compte particulier dans la comptabilité. Il est difficile, pour juger du travail, d'y tenir compte du rendement en lins et en étoupes, mais on habitue les ouvriers à bien peigner en les obligeant à travailler de nouveau les mèches qui le sont insuffisamment. Pour vérifier s'ils n'ont pas soustrait quelque partie de la matière première, on pèse de temps à autre l'étoupe et le long brin, puis on constate si leur somme représente bien la quantité de lin brut qui leur a été confiée. De cette manière, on prévient toute fraude.

CHAPITRE IX.

Peignage mécanique.

Nous avons parlé plus haut des avantages que présente le peignage mécanique, nous ne nous y arrêterons plus. L'excellence du travail des machines commence aujourd'hui à être généralement reconnue.

Pour la plupart, les principes du peignage à la main trouvent encore ici leur raison d'être. La meilleure machine sera toujours celle qui permettra d'éclaircir les mêches par degrés et sans de brusques efforts, qui ne donnera pas trop d'étoupes et qui divisera le mieux les filaments, d'une manière suffisante et avec régularité. Mais, en outre, les peigneuses mécaniques devront surmonter deux difficultés qui ont rebuté bien des inventeurs, ce sera d'amener le départ régulier des étoupes et de diviser ces dernières en diverses qualités. D'un côté, les étoupes entraveraient la marche du métier parce qu'elles engorgeraient les peignes, de l'autre elles formeraient en se mélangeant ensemble un tout non homogène et d'une qualité souvent équivoque ; la trop forte quantité de mauvaises étoupes peut difficilement se mélanger avec celles qui sont bonnes. On sait que dans le peignage à la main, l'ouvrier débarrasse lui-même ses peignes et les jette dans les divers compartiments placés devant lui.

Les difficultés du peignage mécanique sont nombreuses. De petites améliorations dans le mouvement, des suppressions, quelques changements utiles peuvent transformer une peigneuse et lui donner une valeur double de ce qu'elle possédait d'abord. C'est ainsi que la peigneuse mécanique de Philippe de Girard, une des premières inventées serait restée presque ignorée, sinon quant au principe du moins quand au mécanisme général, si les améliorations qu'y a apportées M. de Coster, n'en avaient fait un métier de premier ordre. Bien que datant d'une époque très-ancienne, nous avons vu cette machine encore employée aujourd'hui.

Néanmoins, quelque excellent que soit un métier à peigner, il ne peut s'appliquer indistinctement au travail de toute espèce de lin. Je dirai même plus, une peigneuse ne peut être bonne qu'autant qu'elle est spéciale. C'est ainsi que la machine à peignes excentriques de M. Mardens, excellente pour les lins fins et certains lins coupés ne peut convenir au lin long de médiocre qualité, la peigneuse circulaire du même inventeur est bonne pour les lins ordinaires, et mauvaise pour les qualités supérieures. Quelques peigneuses cependant agissent avec assez d'exactitude sur les bonnes et les mauvaises qualités, grâce à certains changements de mécanisme, mais il est vrai de dire encore qu'elles travaillent mieux certaines espèces que d'autres. Dans tous les cas, et surtout pour les dernières machines dont je viens de parler, l'ouvrier qui manœuvre la peigneuse devra en connaitre le jeu exactement, de manière à bien régler le mouvement et les engrenages.

Quant au manufacturier qui devra choisir une peigneuse pour son établissement, il peut se trouver dans deux positions : ou il aura à remplacer un peignage à la main par celui dont nous parlons, ou il aura à monter une usine Dans le premier cas, il devra calculer si les frais d'installation et d'ouvriers compenseront avec ses bénéfices son ancien mode de peignage. Nous ne voulons pas parler ici des frais d'achat de la machine, qui seront compensés plus tard par un sérieux bénéfice dans le rendement, mais des frais qui auront rapport à la grandeur du local, au nombre d'ouvriers et d'aides nécessaires pour la manœuvre, au trop grand éloignement du local du moteur principal, etc. Quant au commerçant qui devra disposer un atelier de peignage, il sera préférable qu'il choisisse le peignage mécanique, à moins que les premiers frais, joints à ceux de l'installation de son établissement, ne l'arrêtent pour le moment.

Opérations préliminaires. — Les meilleures machines n'ont pû jusqu'ici réussir à dégager complètement les extrêmités des longs brins. Ces dernières, en effet, formées de la tête qui supporte la fleur ou la graine et qui est par conséquent plus forte, ou de la queue des tiges qui forme la racine, ont une section inégale au reste des filaments Aussi est-il généralement besoin de faire du dégagement des bouts une opération préliminaire au peignage lui-même.

En Angleterre, on fait généralement usage de l'ébouteur, mais cette machine, comme nous l'avons vu, étant peu employée en France, cette opération se fait à la main. Elle porte le nom de *débloquage* ou *émouchetage*, et doit être d'autant mieux exécutée que le lin est plus gras, comme celui de Bergues par exemple. En soumettant le lin à un semblable travail, on le débarrasse des plus fortes étoupes et des plus gros nœuds et on diminue de cette façon les déchets à la peigneuse ; selon quelques filateurs, on obtient de cette manière un rendement plus fort.

Une seule machine demande généralement un ou deux ouvriers de préparation. D'après leur travail, ils portent naturellement le nom de *débloqueurs* ou *émoucheteurs* et ce qu'ils obtiennent comme déchet forme une variété d'étoupes grossières désignées sous le nom *d'émouchures*. On met à leur disposition divers peignes qui leur servent à travailler les diverses variétés de lin ; leur installation est celle des peigneurs à la main.

Les émouchures se vendent environ de 35 à 40 fr. les 100 kilog. selon les divers lins et quand elles sont employées seules elles servent à faire des numéros 6 et 8 et quelquefois au-dessus. Elles donnent au minimum au filage 25 à 30 pour 100 de déchet.

Quand l'émoucheteur a dégagé les extrémités de plusieurs mêches, les ouvriers qui manœuvrent la machine terminent le peignage sur cette dernière.

Nous dirons ici d'avance, pour ne pas amener de confusion dans notre exposé, que, lorsque la machine a divisé les mêches, celles-ci n'étant pas complètement travaillées, passent entre les mains de deux ouvriers secondaires. L'un, nommé le *diviseur*, qui est généralement un enfant, sépare en mèches propres à être peignées à main les paquets provenant des pinces, et les empile par poids réguliers à côté du second nommé le *finisseur* ou *repasseur*. Ce dernier, qui a souvent un aide les repasse légèrement et en forme des bottes pour la table à étaler.

Classification. — L'ancienne classification comprenait deux sortes de peigneuses, les premières étaient celles où le lin, promené sur une série de peignes, subissait les mêmes opérations que le peignage à la main, les secondes celles où des peignes travaillaient eux-mêmes le lin.

Comme aujourd'hui les peigneuses de cette seconde catégorie sont seules employées, on pourra adopter la division suivante :

1° Peigneuses à nappe perpendiculaire et verticale (systèmes de Coster, Ferey, Wordtword, etc.)

2° Peigneuses à nappe oblique (Ward, Baxter).

3° Peigneuses à tambour (Lacroix, Marsden).

4° Peigneuses à peignes excentriques (Marsden).

Dans notre exposé, nous avons placé au commencement les machines les plus anciennes et les moins employées. Nous commencerons donc par celle qui a été le principe de toutes les autres.

Peigneuse Girard et De Coster. — Cette machine se compose de barrettes détachées munies de peignes et décrivant au moyen de manivelles un mouvement circulaire continu. Le métier à deux faces semblables, et le mouvement des peignes a lieu en sens contraire pour chaque face et de haut en bas. La mèche, enfermée jusqu'au tiers de sa longueur entre deux plaques à écrou, dites *mordaches*, passe entre les branches, conduite par une chaîne à la Vaucanson, et elle se trouve de cette manière travaillée à la fois de deux côtés. Quand une extrémité est peignée, on la retourne pour la peigner de l'autre.

On reprochait au peignage à la main l'irrégularité dans le travail, dans la peigneuse la symétrie avec laquelle sont disposés les peignes, la constance de leur marche, font disparaître tout obstacle. Le lin disposé dans la mordache est plus lâche et peut être mieux travaillé, car il n'a plus la forme d'une queue, mais d'une crinière de cheval.

En parcourant les mèches dans toute leur longueur les peignes en détachent des étoupes dont le départ régulier s'effectue au moyen de deux cylindres placés directement sous eux; ces étoupes sont ensuite abandonnées à un tambour recouvert d'un drap sur lequel elles s'amassent. Un enfant, placé près du tambour les enlève à mesure qu'elles s'accumulent et les empêche de retourner dans les branches inférieures. Les étoupes étant plus grosses sur la première partie du tambour et plus fines sur la seconde, l'enfant a soin de les séparer pour en faire deux espèces.

Quant au mouvement des engrenages, il est très-simple. Une roue tête de cheval, qui reçoit son mouvement d'une vis sans fin placée à l'extrémité de la manivelle snpérieure, fait avancer la chaîne à la Vaucanson. La poulie motrice fait manœuvrer la manivelle du bas, l'autre marche en même temps qu'elle par l'intermédiaire d'une bielle.

Peigneuse Newton. — Cette machine possède comme la précédente deux nappes sans fin garnies de peignes, placées vis à vis l'une de l'autre, et disposées de manière que les aiguilles ne fassent que s'effleurer sans se toucher.

Ce qui la distingue particulièrement de la peigneuse De Coster, c'est que le guide sur lequel on place les mordaches qui soutiennent le lin à peigner, a une position oblique au lieu d'être horizontale. De cette manière, lorsqu'on fait passer la mèche entre les deux nappes, celle-ci se trouve d'abord dans une position très-élevée et le bout seul commence à être peigné, mais à mesure

---

(1) Un grand nombre de peigneuses mécaniques ont été inventées en même temps que la peigneuse Girard. Seule, elle a survécu, ainsi que celles de MM. Newton et Wordsword, mais toutes trois tendent à disparaître de jour en jour des usines

Nous ne ferons que citer pour mémoire les autres machines supprimées depuis longtemps dans notre département, et qui datent de l'origine de la filature mécanique.

Peigneuse Rieff, de Colmar.
— Lasgorseix, de Paris.
— Hay, de Manchester.
— Delcourt et Vandeweight.
— Chevalier Trista.
— Bonsègue et Fergusson.
— Simpson, de Londres.

qu'elle avance, les peignes agissent sur sa longueur et lorsqu'elle est arrivée à l'extrémité, elle est peignée totalement dans la portion qui dépasse la pince.

Les étoupes qui tombent au bas sont reçues latéralement par des cylindres recouverts d'un drap, qui les livrent à un rouleau cardeur d'où un enfant peut les retirer à volonté. Dans la manœuvre des pinces, la chaîne à la Vaucanson est remplacée par des cames placées en tête de l'appareil.

Peigneuse Wordtword. — Le lin est encore saisi, comme précédemment entre deux pinces à écrou suivant un guide incliné, et présente à des peignes qui recouvrent un cuir sans fin une surface représentant environ les 2/3 de sa longueur. Animés d'un mouvement circulaire continu, les cuirs travaillent le lin sur ses deux faces.

Les étoupes qui s'amoncelleraient dans les aiguilles, si on n'avait soin de les enlever rapidement sont entraînées par des cylindres munis de brosses, placés près des peignes et tournant très-vite. Mais comme ces cylindres seraient bientôt embarrassés des étoupes qu'ils recueillent, on a soin de disposer près de chacun d'eux, un rouleau à carde muni d'aiguilles placées dans une direction oblique et tournant en sens contraire. Un peigne animé d'un mouvement alternatif de va-et-vient est placé près du rouleau et débarrasse les aiguilles au fur et à mesure qu'elles se chargent. Les étoupes sont recueillies dans une boîte située directement sous les rouleaux, elles en sont retirées de quart d'heure en quart d'heure par un enfant auquel on a confié ce soin.

Peigneuse Lacroix (1). — Cette machine est classée dans les peigneuses à tambour. L'organe principal est en effet un grand cylindre ou tambour de 2 mètres de longueur, muni de peignes de distance en distance et animé d'un mouvement circulaire continu. Il offre cette particularité que les aiguilles diminuent de finesse à mesure qu'on avance de la gauche vers la droite, et que par

(1) Cette peigneuse a été inventée par M. Busk qui en a pris le brevet le 31 Janvier 1836, mais elle porte le nom du constructeur, M. Lacroix de Paris. M. Cormichaël, la même année (13 juin) prit un brevet pour la même machine, à cause de quelques perfectionnements apportés dans le mécanisme.

conséquent elles sont plus resserrées de ce côté et plus petites, comme plus espacées et plus longues dans l'autre partie. Nous verrons plus loin que, comme on fait avancer les filaments de gauche à droite, le lin est peigné graduellement comme dans un bon peignage à main et qu'il rencontre les aiguilles les plus fines au moment où il est presque complètement travaillé.

L'inventeur a voulu que sa machine pût servir à peigner la plus grande variété possible de lins, aussi a-t-il placé contre ses aiguilles des planchettes mobiles qui ne laissent dépasser qu'une extrémité des peignes et déterminent ainsi la profondeur jusqu'à laquelle les pointes doivent s'enfoncer dans les mèches. On peut ainsi, suivant la qualité et la nature de la matière première, faire varier la longueur des peignes et leur finesse.

On voit donc que cette peigneuse varie complètement d'avec les systèmes précédents par le mode de disposition des peignes. Elle en diffère encore par le mode de translation des mèches et les évolutions des pinces qui les soutiennent. Ces dernières, disposées avec précision dans un guide horizontal ont en effet trois mouvements différents :

1° Un *mouvement d'ascension et de descente* qui leur permet de s'éloigner et de se rapprocher successivement du cylindre peigneur. De cette façon, le lin peigné d'abord à l'extrémité se livre petit à petit à l'action des peignes et est complètement soumis à leur travail quand la pince est près du tambour. Le départ des étoupes s'effectue de la sorte régulièrement et sans encombre. — Ce mouvement est vertical et s'exécute lentement de manière que les mèches soient bien peignées.

2° Un *mouvement de translation* parallèlement à l'axe du tambour, de façon à soumettre les filaments aux aiguilles plus fines après les avoir divisés au moyen de gros peignes. Ce mouvement s'exécute par l'intermédiaire d'une chaîne sans fin.

3° Un *mouvement de rotation intermittent* qui a lieu lorsque les pinces sont dans la position la plus élevée, et qui a pour but de permettre le peignage sur une face lorsqu'on a opéré sur une autre. Ce mouvement s'exécute au moyen de roues à cames qui restent en repos pendant la descente et qui se mettent en mouvement lorsque la pince est vers le haut.

Lorsque les presses ont passé au-dessus des aiguilles les plus fines, elles peuvent être alors facilement décrochées ; les ouvriers retirent les filaments pour les replacer et laisser dépasser les extrémités non-peignés. Elles sont ramenées sur le devant par une chaine disposée à cet effet.

Une brosse cylindrique disposée sur le côté débarrasse le tambour des étoupes qui l'obstruent, et les livre à un rouleau cardeur ; un peigne animé d'un mouvement de va-et-vient les fait tomber de ce rouleau daus une caisse à compartiments.

La peigneuse Lacroix peut être employée pour le long brin ou le lin coupé en deux ; en moyenne elle livre par journée de 12 heures 450 kilog. de matière peignée. Son prix est de 5000 francs.

Les étoupes qu'elle fournit sont excellentes et le prix de façon minime.

Peigneuse Ward. — La partie travaillante de cette machine est une nappe sans fin garnie de barrettes porte-peignes, inclinée à 30 degrès environ au lieu d'être perpendiculaire, et agissant sur le lin par sa surface droite supérieure et verticale. Un rouleau tendeur pouvant facilement glisser à volonté dans une coulisse latérale est placé à l'extrémité inférieure et force la nappe à garder une position rectiligne : un pignon de rechange règle la course. L'inventeur a reconnu que cette disposition permettait d'obtenir plus de rendement en long brin et partant moins d'étoupes.

La nappe porte, comme dans la peigneuse Lacroix, plusieurs séries de peignes de grosseurs variées, ainsi qu'un guide portant les pinces, auquel un excentrique communique un mouvement d'ascension et de descente pour la graduation du peignage. Dans quelques types de peigneuses Ward, ces pinces sont animées d'un mouvement de rotation qu'elles effectuent sur chaque série, de manière que le peignage se fasse sur les deux faces.

Le mécanisme qui fait agir ces pinces est plus perfectionné. Dans la plupart des peigneuses dont nous venons de parler, chacune des pinces est chassée par l'autre, d'où il arrive que si par oubli de l'ouvrier une pince a laissé sa place vide, l'appareil doit forcément chômer quelques moments. Dans la peigneuse Ward, chacune des pinces est indépendante, et marche par un mécanisme particulier.

Les étoupes qui sont amenées par le travail des peignes sont recueillies par une brosse et passent de là sur un rouleau cardeur ; puis, grâce au jeu continuel d'un peigne animé d'un mouvement continu de va-et-vient, elle s'amassent lentement dans une caisse placée à la partie inférieure du tablier sans fin.

On rencontre quelques-unes de ces machines dans lesquelles la dernière série de peignes qui est la plus fine et la plus serrée est couverte d'une brosse plate animée d'un mouvement alternatif elliptique. Cette brosse destinée à faire pénétrer plus profondément les mèches dans cette série, peut rester levée toutes les fois qu'il n'y a pas lieu de s'en servir.

L'appareil est complété par un *organe*, dit *de sureté*, au moyen duquel on peut opérer, quand il en est besoin, le débrayage de la commande principale, et qui est destiné à prévenir toute rupture dans les pièces de la machine.

Une table est placée de chaque côté de la peigneuse. Des enfants, dits *presseurs*, s'y tiennent continuellement et leur travail consiste à retirer les pinces du guide horizontal, à les placer sur des tasseaux en saillie sur la table, à les ouvrir et à y serrer les mèches dont ils laissent dépasser environ les deux tiers. Ils recommencent deux fois ce travail pour chaque mèche qui doit évidemment passer sur les peignes, une première fois pour le peignage du pied, et une seconde pour celui de la tête. Une coulisse latérale permet de faire glisser rapidement les pinces, d'une extrémité à l'autre de la machine (1).

La peigneuse Ward, faisant environ cent révolutions par minute, peut peigner dans une journée de 11 heures de 250 à 280 kilogrammes de matières. Elle a ordinairement quatre séries; prise dans les ateliers de M. Ward, à Moulins-Lille, elle vaut environ 3700 francs, lorsquelle a six séries, son prix est augmenté de 1000 francs.

Les machines Ward pour le lin long donnent parfois moins de rendement qu'au peignage à la main, mais la façon est diminuée d'environ 30 p. °/₀ et les étoupes gagnent de 5 à 6 °/₀. et plus.

Pour les lins coupés en deux, le rendement est presque le même que celui qu'on obtient à la main, la façon est encore réduite de 30 p. °/₀ et les étoupes gagnent 7 à 8 p. °/₀.

Pour le lin coupé en trois et quatre, on obtient le même rendement qu'au peignage à la main, la façon est réduite de la même quantité et les étoupes gagnent environ 8 p. °/₀.

Les dernières machines Ward ont dans chaque partie de leur mécanisme, un fini tout particulier qui se rencontre rarement dans les autres peigneuses. En 1872, l'essai en a été fait dans une manufacture lilloise, entre une machine Horner et une machine Cotton, deux peigneuses anglaises dont nous donnons plus loin le détail; la palme a éte décernée à la machine Ward.

Peigneuse Baxter. — Cette peigneuse n'est qu'une modification de celle de Ward, elle est particulièrement destinée au peignage des lins les plus grossiers, ou de matières où abonde le principe gommorésineux, tels que le jute et le chanvre. L'angle d'inclinaison des peignes est plus accentué, le mouvement de

---

(1) La rapidité du travail de ces enfants est remarquable, il est étonnant de voir avec quelle activité ils font une opération qui se repétant continuellement et toujours continue, doit amener beaucoup de fatigue.

rotation des pinces existe toujours et est beaucoup plus rapide, les aiguilles plus grosses et plus écartées.

Machine à peignes excentriques. — Cette peigneuse diffère totalement de celles que nous avons décrites jusqu'ici, elle ne peut servir que pour les lins très-fins et coupés au moins en deux.

Fixés sur des bras mobiles et communiquant chacun avec des bielles qui leur permettent d'osciller sur eux-mêmes, les peignes sont animés d'un mouvement de rotation continu. Ils tournent chacun en sens contraire autour de deux axes parallèles qui les maintiennent et dont ils forment en quelque sorte les rayons ; ils labourent ainsi la mêche placé au milieu d'eux. Dans leur révolution, ils exécutent deux mouvements, l'un perpendiculaire, l'autre oblique : ainsi quand ils touchent la mêche ils sont parallèles à eux-mêmes, et en l'abandonnant ils reprennent une position couchée. Grâce à cette disposition, leur action sur le lin est double, comme peignes ils divisent la mêche, comme grattoir ils enlèvent la crasse gommeuse.

Les bras supportent chacun deux rangées de peignes, dont les dents sont plus fines et plus serrées à mesure qu'on avance de la gauche vers la droite. Comme dans la peigneuse Lacroix, chacun d'eux est muni de plaques mobiles en fer mince qui règle la profondeur jusqu'à laquelle doivent s'enfoncer les fibres.

Le mouvement des pinces est à peu près le même que dans les autres machines. Elles sont animées d'un mouvement de remonte et de descente, pendant lequel elles avancent de gauche à droite, mais d'une manière intermittente. Il y a un pignon de rechange pour varier la vitesse du mouvement vertical d'ascension.

La sortie des étoupes s'effectue facilement. Elles sont recueillies par un rouleau placé sous les peignes, à trois rangées de brossettes, dont l'écartement est égal à celui qui existe entre deux peignes. Ce rouleau est disposé de manière à toucher les dents. Les étoupes sont ensuite recueillies par un tambour à carde et détachées par un peigne animé d'un mouvement circulaire alternatif. Une caisse à quatre compartiments reçoit les étoupes correspondant à chaque série.

Cette machine possède, comme toutes les autres, deux tables de charpente de chaque côté pour le travail des presseurs. Quatre enfants suffisent pour la desservir ; elle donne de bons résultats.

Peigneuse circulaire Marsden. — Cette peigneuse applicable aux lins du Nord et de Russie est fort employée en Angleterre.

La partie essentielle est un cylindre de 1 mètre de diamètre, animé d'un mouvement circulaire continu. Elle porte sur sa circonférence quarante languettes en saillie, à deux rangées de peignes, munies chacune d'un garde en tôle. Les mèches sont présentées à ce tambour par des pinces douées du triple mouvement de rotation, d'ascension et de translation que nous avons décrit plus haut dans la peigneuse Lacroix ; elles passent par quatre séries d'aiguilles en marchant de gauche à droite.

Les étoupes sont enlevées au bas du tambour par un cylindre muni de brossettes qui l'entourent en spirales, elles passent ensuite sur un rouleau à carde qui tourne en sens contraire et dont les aiguilles sont obliques. Un troisième cylindre, dit *dépouilleur*, débarrasse complètement ce rouleau.

Quatre enfants suffisent pour la manœuvrer.

Peigneuses Combes, Fairbairn, Feray, etc. — Il y a deux genres de peigneuses Combes : les machines *Réversing* et les machines à nappes sans fin.

On peut ranger les machines Reversing dans la classe des métiers à tambour. Les pinces y possèdent les deux mouvements d'ascension et de translation que nous avons décrit plus haut (machine Lacroix), Le mouvement de rotation est remplacé par une manœuvre de tambour, qui, au lieu de tourner constamment dans le même sens, retourne sur lui-même chaque fois que le chariot qui porte les pinces est arrivé au bout de son ascension. Le lin est ainsi peigné des deux côtés à la fois.

Ces machines peuvent peigner toutes sortes de lin, si l'on change l'écartement des gils peigneurs, mais elles sont généralement employées pour les lins fins. Elles ont six ou huit presses et donnent assez de rendement. On en voit beaucoup en Angleterre, Lille en possède quelques-unes.

Il existe un autre genre de peigneuses Combes, employées suivant leur écartement, pour les lins fins coupés ou les lins longs ; elles sont à nappe sans fin et perpendiculaire et à plusieurs séries de peignes. Ce sont avec les peigneuses Ward, les machines les plus répandues dans le Nord. Elles possèdent les mouvements d'ascension et de descente décrits plus haut, et comme elles ne sont pas jumelles, on les *marie* ordinairement par une coulisse circulaire; ces peigneuses sont toujours très-avantageuses.

MM. Fairbairn et Cie, de Leeds, fabricants d'excellents métiers à filer, construisent un genre de peigneuses presque similaire aux machines Combes, mais dont le travail est généralement peu satisfaisant.

M. Feray, d'Essones, est l'inventeur d'une machine à nappe sans fin et perpendiculaire destinée au peignage des gros lins ; elle donne d'assez bons résultats, coûte peu et exige moins de place pour fonctionner. Elle est généralement peu répandue.

Peigneuse Stephen Cotton. — Cette machine, inventée depuis peu, employée en Irlande, Angleterre, Écosse, Allemagne et très-peu en France, paraît jusqu'ici donner de bons résultats. Mais elle est trop nouvelle pour que nous en puissions faire une juste appréciation.

Selon les inventeurs, elle peut peigner toutes sortes de lins, depuis les plus gros jusqu'aux plus fins, sans occasionner le moindre danger de dérangement ou de casse. Ils disent que cinq garçons suffiraient pour suivre une paire et trois pour suivre une seule ; mais ils conseillent de faire marcher par paire, de manière à en règler une pour les pieds et l'autre pour les pointes.

La machine est à brosse et doffer ; les peignes s'entrecoupent (intersecting) et ont un mouvement très-doux. Leur marche est transmise par un mouvement de cônes doubles, de sorte que l'on peut varier la vitesse suivant le peignage que l'on veut donner au lin. Ils sont attachés avec des rivets en cuivre sur des courroies sans fin d'un nouveau système.

En moins d'une minute, on opère tous les changements au moyen desquels on obtient plus ou moins de peignage, sans arrêter la machine ou déranger les *presseurs*.

Le poids net de la machine est 2250 kilogs. Son prix de revient rendue soit à Dunkerque, Anvers ou Rotterdam de 125£ ou 3125 fr.

Les inventeurs sont représentés à Lille par MM. Dawson et Christy.

Peigneuses Horner, Lowry, etc. — La peigneuse Horner, appelée encore *machine à lattes*, est avec la peigneuse Cotton, la seule machine de ce genre qui ait été jumelée. Elle est d'un grand emploi, sa partie principale èst constituée par une nappe sans fin et perpendiculaire, garnie de lattes où sont fixés les peignes. Une poulie à gorge mixte, dite excentrique horizontale, dans laquelle s'engage un levier vertical, fait avancer les presses au moyen de cames correspondant à chacune d'elles.

Les lattes comportent plusieurs séries d'aiguilles.

Les presses ont un mouvement de monte et descente en même temps qu'elles avancent sur l'un ou l'autre guide. Elle marchent pendant le mouvement d'ascension et sont immobiles dans celui de descente. C'est dans ce mouvement que le guide porte-presses, venant à frapper contre les extrémités d'un rateau placé au bas des nappes, le soulève pour l'abandonner de suite ; celui-ci, sollicité par un poids constant placé sur le bout d'une tige verticale qui lui est adhérente, retombe brusquement sur son assiette. Dans ce mouvement, il se débarrasse brusquement des étoupes qui l'obstruent, grâce à une plaque en tôle qui est poussée rapidement sur toute la longueur des pointes.

Ces machines exigent une grande surveillance, les barrettes et les engrenages s'y cassent souvent et le mécanisme peut se déranger si on n'y fait pas attention. Elles ont encore l'inconvénient de faire beaucoup de bruit.

De plus, comme elle n'est pas munie de doffers, les étoupes qui tombent par flocons dans les caisses inférieures se *boutonnent* facilement.

Ajoutons que lorsqu'un accident arrivé sur les côtés intérieurs, les réparations sont longues et s'exécutent avec beaucoup de difficulté.

La machine Horner peut peigner en moyenne 3500 kilogs par semaine. Elle est encore fort employée, par ce que bien qu'étant double, elle n'exige que trois manœuvres.

CHAPITRE X.

Table à étaler.

(SPREADER).

Nous entrons ici dans l'atelier des *préparations ;* il comprend la table à étaler, les étirages et les bancs-à-broches : on lui donne ce nom parce qu'il a spécialement pour but de *préparer* la matière à être filée.

La machine à étaler a pour objet la formation de ce qu'en terme de filature on appelle un *ruban* (riband). Sa fonction principale est *l'étirage*, aussi plusieurs filateurs lui donnent ce dernier nom sans aucun qualificatif. Selon nous, c'est à tort, car les machines que nous examinerons plus loin portent aussi le nom *d'étirages.* D'autres corrigent cette mauvaise expression en donnant à la machine à étaler le nom de *premier étirage*, les machines suivantes sont alors les deuxièmes, troisièmes étirages. Bien que ces dénominations soient justes, en ce sens que la table à étaler est le premier des métiers qui *étire*, nous croyons qu'elles sont encore fautives, et que les machines qui suivent la table à étaler jusqu'au banc-à-broches exclusivenent doivent être appelées étirages : la raison en est que depuis la table jusqu'au métier à filer inclus toutes les machines étirent. Dès lors, tous les métiers ayant même fonction devraient logiquement avoir le même nom : on comprend qu'il s'ensuivrait une confusion regrettable. Aussi a-t-on pris l'habitude de désigner tous les métiers par leurs fonctions spéciales et non par une dénomination générale. Nous conserverons donc à la table à étaler son nom propre.

PRINCIPE DE LA MACHINE.

Plaçons à la suite les unes des autres, de manière à former un cordon uniforme, plusieurs méchettes sortant de l'atelier de peignage. En les laissant entraîner par deux rouleaux tournant en sens contraire, elles seront poussées en avant et sortiront sous forme de *ruban*, puis en les engageant plus loin entre deux cylindres semblables et animés d'un même mouvement, nous verrons le ruban ressortir de l'autre côté. Si ces mèches forment une longueur de 5 décimètres par exemple, elles sortiront avec une longueur de 5 décimètres.

Mais, si au moyen d'une disposition particulière, nous donnons aux seconds de ces cylindres une vitesse plus forte qu'aux premiers, il *étireront* le ruban et le rendront plus long : la matière s'éclaircira et gagnera en longueur ce qu'elle perdra en épaisseur. Les premiers de ces cylindres seront *fournisseurs*, c'est-à-dire qu'ils fourniront la matière aux seconds et ces derniers seront *étireurs*, c'est-à-dire qu'ils l'allongeront. C'est un semblable système qui, dans la machine à étaler constitue l'étirage, et plus les derniers cylindres tourneront vite, plus la matière sera allongée. Comme l'éloignement des deux cylindres et leur vitesse sont calculés et réglés d'avance comme nous le verrons plus loin, l'opération s'exécute sans effort. Il est évident que cet éloignement est toujours plus grand que la longueur des filaments.

Supposons que les derniers cylindres fournissent en une minute une longueur de ruban de 5 décimètres, si les étireurs donnent dans le même temps 25 décimètres, le ruban sera allongé de 5 fois 5 décimètres. Pour calculer quel sera l'étirage, on prend le rapport entre le débit de l'étireur et celui du fournisseur et on trouve 5, et on dit alors en terme technique que l'on a un *étirage de* 5. Dans la pratique, pour calculer l'étirage nous verrons qu'on doit tenir compte des roues motrices et des pignons.

D'après ces explications nous définirons l'étirage : le *rapport entre les débits* de l'étireur et du fournisseur. En général, l'étirage d'une machine à étaler est de 15 jusque 40, ce qui veut dire que la quantité de lin fournie par les étireurs est quinze ou quarante fois moins épaisse que la quantité qu'ont donné les fournisseurs, ou bien encore que les étireurs marchent quinze ou quarante fois plus vite que les fournisseurs. C'est grâce à une semblable disposition due l'on peut fournir ce qu'on appele le ruban.

DESCRIPTION DE LA MACHINE

Nous donnerons ici la description de la machine à vis ou à spirales qui est pour ainsi dire la seule usitée aujoud'hui dans les manufactures.

Les cylindres *fournisseurs* sont précédés d'une *table* horizontale sur laquelle on étend les mèches et qui donne son nom au métier; sur la surface de cette table est une *toile* ou un *cuir sans fin* de 1 décimètre de largeur environ et qui se meut continuellement; le but spécial de ce cuir est d'amener le lin jusqu'aux cylindres fournisseurs qui le saisissent. Les bouts des mèches sont superposés les uns à la suite des autres, ces dernières forment une large bande qui est entrainée vers les cylindres. Engagées entre les fournisseurs, les mèches commencent à s'unir entre elles par la seule pression que leur communiquent les rouleaux.

Plus loin se trouvent les cylindres *étireurs*, mais sur le parcours et dans l'intervalle qui les séparent des premiers, les filaments sont maintenus parallèles au moyen d'une rangée de peignes (*gils*) soutenus par des *barrettes* qui se relèvent par files en marchant des fournisseurs vers les étireurs Ce mouvement leur est communiqué par un système de vis dont nous donnerons plus loin le détail.

Enfin l'étireur unit plus fortement les mèches, et ces dernières conduites par un cylindre (rouleau *débiteur*) sont reçues sous forme de ruban dans un *pot* directement placé sous les rouleaux. Un *compteur* mis en rapport avec ce rouleau indique la longueur débitée par la machine chaque fois que le pot est rempli.

N'omettons pas de dire que sur la même machine, on forme à la fois quatre rubans qui marchent parallèlement et par paires. Il y a de la sorte quatre cuirs sur la table de tôle, huit étireurs, huit fournisseurs et quatre rangées de gils sur le même encadrement.

Ainsi se présentent généralement toutes les machines à étaler, mais plusieurs comportent en outre quelques pièces qui ont encore leur importance et dont nous allons parler. Nous examinerons ensuite en détail les principales pièces du métier.

Devant les fournisseurs, et de peur que le cordon ne sorte de la limite des cuirs, sont des *conduits* en fonte qui guident les mêches un certain temps, ces conduits existent aussi quelquefois à la sortie et contribuent pour une certaine part au maintien du parallélisme des filaments.

Au sortir du fournisseur et pour forcer les mêches à s'enfoncer directement dans les gils, on place, à la hauteur des barrettes, un petit cylindre nommé *tendeur*. Ce rouleau prévient l'inconvénient qu'il y aurait à laisser les mèches flotter sur le sommet des peignes (1). On place aussi assez habituellement devant l'étireur un rouleau d'appel précédé d'un entonnoir conique qui guide la matière et la force à passer entre les appareils.

Enfin, pour éviter que la poussière et les déchets du lin mis à nu par le mouvement des barettes, ne s'attachent aux étireurs, on munit ces derniers de *nettoyeurs* qui les en débarassent. Le nettoyeur des étireurs de dessous est ordinairement un cylindre semblable tournant sur eux en sens inverse et revêtu d'un drap

(1) Dans quelques nouveaux métiers le rouleau tendeur n'existe pas, les constructeurs ont soin dans ce cas de rapprocher les barrettes de l'appareil fournisseur et un peu au-dessus des cylindres, en le plaçant toujours de niveau avec le point de contact des étireurs.

plucheux, ou encore une plaque munie d'un drap et emboîtant le cylindre au quart de sa circonférence; celui des étireurs de dessus est presque toujours une tablette drapée serrant fortement chaque paire de cylindres.

Comme les machines sont quadruples, elles demandent pour être manœuvrées trois ouvrières (1) deux étaleuses pour chaque côté et une enfant placée sur le devant (2) qui ôte la poussière des nettoyeurs, enfonce doucement le ruban dans les pots et change ces derniers lorsqu'ils sont pleins. Dans certaines usines, on emploie seulement deux ouvrières, une étaleuse et une surveillante; dans ce cas, elles se remplacent mutuellement à toutes les heures, à cause de la fatigue qu'occasionne la continuité du même travail.

Mais toutes les tables à étaler n'étant munies que d'un seul pot, on devra réunir les quatre rubans en un seul; par suite, on a besoin d'un systême particulier qui permette de les placer l'un au-dessus de l'autre, parallèlement à eux-mémes, de manière à corriger les inégalités de l'un par les inégalités de l'autre, et aussi d'affermir d'une manière plus convenable les endroits où se sont unies les mèches. C'est pour arriver à ce résultat qu'en place au-devant du rouleau d'appel et directement à la suite des étireurs (à peu près à cinquante centimètres de ces derniers) une plaque ne fonte polie, percée de trous rectangulaires et arrondis par où l'on engage les filaments; on donne à cet appareil le nom de *parallèliseur* : nous en parlerons plus loin. Dans les anciennes machines, cette plaque est remplacée par un système d'entonnoirs coniques ou par plusieurs rouleaux d'appel, lesquels étaient loin de donner un bon résultat. Aujourd'hui toutes les machines nouvelles sont munies d'un paralléliseur.

---

(1) Généralement tous les métiers de filature sont manœuvrés par des femmes.

(2) On appelle devant d'une machine le côté par où l'on fait sortir la marchandise ; le derrière est le côté par où on la fait entrer.

On remarque que la forme de la table à étaler est celle d'une ligne brisée, horizontale dans la partie qui forme la table proprement dite, laquelle est située à un mètre du parquet, et oblique dans la portion formée par le chassis qui encadre les barrettes, dont la partie supérieure est environ à 1 m. 50 du sol. La première partie de la table est ainsi disposée pour se trouver à peu près à la hauteur des femmes étaleuses, et afin de ne pas leur occasionner la trop grande fatigue qui résulterait de l'élévation et de l'abaissement continuel de leurs bras. La seconde partie est construite en vue de la forme des pots, qui doivent être assez allongés pour qu'ils puissent contenir une moyenne quantité de matière textile (1).

Du mouvement général. — Ce mouvement est nécessaire à connaître pour le calcul de l'étirage. Nous pouvons dire d'ailleurs que sauf quelques modifications, il se rapproche beaucoup des métiers qui suivent la table et dont la principale fonction est aussi l'étirage. Nous avons souligné les organes nécessaires pour le calcul.

La machine de l'usine transmet directement le mouvement à la table, au moyen d'une courroie de transmission qu'on peut placer, grâce au jeu d'une fourchette, sur l'une ou l'autre des poulies du métier.

Un pignon placé sur la douille de la poulie fixe engrène directement avec la roue qui fait tourner l'étireur inférieur et qui est située sur l'axe de ce cylindre; c'est lui par conséquent qui transmet le mouvement à ce dernier. Cet axe porte à son extrémité opposée deux pignons; le premier qui par intermédiaire fait mouvoir le cylindre d'appel inférieur, et qui engrène directement avec le

(1) La table à étaler est propre à la filature du lin en ce sens qu'on ne pourrait l'appliquer à l'étirage de la laine ou du coton. Ces dernières matières ont toujours besoin d'une certaine torsion qui puisse soutenir le ruban dans l'effort qu'on lui fera subir ; cette torsion devient inutile dans le cas où les produits présentent, comme le lin, des filaments longs et secs, doués en même temps d'une certaine élasticité.

pignon de rechange fixé à ce cylindre ; le deuxième qui par deux intermédiaires transmet le mouvement à la *roue fixée sur l'arbre de commande des vis*. Nous verrons plus loin comment ces dernières fonctionnent.

A l'extrémité de cette roue est un *pignon* qui engrène par intermédiaire avec une *roue* dont le mouvement est divisé par un autre *pignon* qui fait mouvoir la *roue* du fournisseur.

Le fournisseur inférieur porte à l'extrémité de sa commande un pignon qui par un intermédiaire transmet le mouvement au rouleau qui fait mouvoir les cuirs sans fin.

C'est ainsi que tout le système est organisé. Si l'on veut bien s'en rendre compte ou verra que la roue fixée sur l'arbre de commande des vis dirige tous les engrenages, soit directement, soit indirectement. Or, comme cette roue reçoit son mouvement par intermédiaires du pignon fixé sur l'axe du rouleau d'appel, on conçoit qu'il suffit de changer ce pignon pour modifier l'étirage de la table. C'est ce pignon que l'on nomme indifféremment pignon de rechange, pignon d'étirage ou pignon commandeur. On trouve encore dans d'autres machines ce pignon fixé ou sur l'étireur (système Fairbairn) ou sur l'arbre de commande de vis (s. Lawson).

Tel est le mouvement général des engrenages de la machine. Après cet exposé nous allons indiquer comment fonctionnent en particulier chacune des pièces de la machine et de quelle manière elles remplissent le rôle spécial qui leur est assigné. Nous suivrons la marche d'une mêche de lin à partir du moment où elle entre dans la machine, en indiquant la manœuvre et la disposition de chacune des pièces qui la dirige.

Des cuirs sans fin.— La marche de ces cuirs, où sont d'abord placées les mêches, est due au mouvement de deux rouleaux en fonte, d'un diamètre sensiblement égal autour duquel ils sont enroulés. Ces cylindres marchent tous deux dans le même sens, ils sont traversés par des axes en fonte rattachés de chaque coté au bâtis de la machine ; l'extrémité de ces axes formant tourillon tourne dans des coussinets convenablement ajustés. Le second rouleau, celui qui se trouve le plus près des fournisseurs est immobile et par conséquent toujours à une distance constante de ces cylindres. Mais le premier, pouvant se mouvoir à volonté au moyen de vis de rappel et de joues dont sont munis les coussinets, les quatre cuirs reçoivent, s'il en est besoin, une plus forte tension, par le plus ou moins grand éloignement de ce rouleau.

Des cylindres fournisseurs. — Les cuirs guident les mèches vers les fournisseurs qui sont au nombre de quatre paires. Les cylindres supérieurs en fonte et d'un assez fort diamètre sont reliés à un axe presque aussi gros, qui par ses deux extrémités se rattache à des joues latérales pratiquées dans la partie supérieure du bâtis. Souvent ce rouleau ne fait que peser de son propre poids sur les cylindres du bas, souvent aussi ce poids est augmenté par de leviers ou des ressorts dont le point d'appui est sur le bout des cylindres de pression.

Les fournisseurs inférieurs, d'un diamètre beaucoup plus petit que les précédents sont en fer forgé, quelquefois creux à l'intérieur pour diminuer l'action de la pesanteur. Un axe unique les traverse tous, et ses extrémités, rattachées au bâtis, tournent librement dans des coulisses. On comprend d'après ce que nous venons de dire que ce sont ces fournisseurs qui sont guidés par les précédents ; par suite, la vitesse des mèches étant la même que celle d'un point quelconque pris à l'extérieur sur leur circonférence, il suffit pour connaître cette vitesse d'observer celle de ce point dans l'unité de temps. On se reportera plus haut si l'on veut se rendre compte du système d'engrenages qui règle la marche de ces cylindres.

Des barrettes. — Au sortir des fournisseurs, les mèches rencontrent les barrettes qui les conduisent aux étireurs.

Les barrettes jouent un très-grand rôle dans la filature de lin, elles existent en effet dans toutes les machines, sauf dans les métiers à filer (1) nous avons dit plus haut la raison pour laquelle elles étaient situées dans un plan oblique dans la table à étaler, et pour les autres métiers dans un plan horizontal.

Le but de ces barrettes est de guider les filaments en ligne droite d'un appareil à l'autre, de maintenir leur parallélisme de la manière la plus parfaite possible, et de leur servir de point d'appui en les empêchant de flotter dans le vide.

Comme nous le savons déjà, elles sont guidées par des vis. A cet effet, elles sont terminées par de petites plaques en fonte auxquelles on donne comme épaisseur celle d'un pas de vis et dont on taille les extrémités obliquement comme les dents d'engrenages, de manière à leur faire suivre le filet; quelquefois on y pratique aussi des rainures droites et verticales pour recevoir le bord des règles latérales qui leur servent de guide. La longueur des barrettes qui, dans les anciennes machines atteignait à peine 55 à 60 centimètres, varie aujourd'hui de 165 à 180 cent., grâce au nombre doublé des cylindres et des cuirs sans fin, et les têtes sont élargies dans la même proportion. C'est ce qui a amené la suppression d'un grand nombre de vis ainsi que de leurs supports, et c'est ce qui fait que les machines nouvelles ont une bien plus grande économie de construction que les anciennes. On utilise pour le travail la place occupée par toutes les pièces inutiles et on arrive ainsi à un avancement réel dans la production.

Toutes les barrettes portent deux rangées de peignes ou gils, dont les dents longues de 3 cent. 1/2 environ sont implantées dans des plaques de cuivre et au nombre de 210 à 216 pour une barrette (105 à 108 sur chaque rang). On en compte ordinairement une trentaine. Pour leur donner plus de légèreté, on les fait toujours en bois.

---

(1) Nous ne voulons parler ici que des métiers à filer généralement employés. M. Decoster a inventé un métier à filer, dit à barrettes, que l'on rencontre peu dans nos manufactures. (Voir plus loin).

Leur mouvement doit être plus rapide que le développement des fournisseurs, ce qui veut dire qu'un point quelconque pris sur la circonférence d'un de ces cylindres parcourt dans le même temps un chemin un peu moins long ; par contre, ce mouvement doit être moins rapide que celui des étireurs. De cette manière, la matière est mieux tendue sur les peignes.

Pour calculer la vitesse des barrettes dans l'unité de temps (calcul que l'on a rarement occasion de faire), il suffit de faire le produit de la vitesse des vis (voir plus loin) par la largeur d'une barrette. On conçoit en effet que si la vis fait 100 tours par minute, par exemple, les barrettes avançant à chaque tour de leur simple largeur, auront par minute une vitesse de cent fois cette largeur.

Du jeu des vis. — Les vis sont disposées par paires contre les parois intérieures du bâtis de la machine. Dans chacun des couples, l'une est superposée à l'autre, celles de dessus conduisent à l'étireur les barrettes qui supportent les mèches, tandis que celles du dessous ramènent à l'extrémité opposée, les barrettes vides. On a soin de donner un pas double à la vis inférieure, afin que les barrettes soient plus rapidement amenées sur le dessus et pour en économiser la moitié par dessous. Un guide parallèle à chaque vis, et que l'on appelle *le chemin*, trace la route à suivre et mène les gils sur une horizontale très-droite, tandis qu'une autre coulisse verticale, placée à chaque extrémité, les force à tomber et à monter verticalement.

Lorsqu'une barrette est arrivée à l'extrémité de sa course inférieure, elle est soulevée par une came qui la porte un peu au-dessus du chemin supérieur et la soutient un moment à cette hauteur jusqu'à ce qu'elle soit saisie par la vis du haut qui doit la guider. Cette came présente un dos assez allongé et concentrique de manière à bien remplir son effet. Une came de moindre dimension est adaptée à l'extrémité opposée de la vis supérieure ; elle est destinée à pousser les barrettes, lorque celle-ci ne tombent pas assez vite de leur propre poids.

Le mécanisme est ordonné de telle sorte que le mouvement de chaque vis correspondante soit identique, et que les cames de ces vis agissent en même temps sur les extrémités de la barrette.

Nous avons vu plus haut comment le mouvement était transmis à l'arbre de commande des vis. Ce dernier porte sur son axe une roue d'angle engrénant à l'intérieur de la machine avec un pignon cônique moteur de la vis supérieure située sur l'axe qu'il meut. A peu de distance et sur l'axe de ce pignon est une roue droite engrénant directement avec une autre roue située sur l'axe de la vis inférieure ; le mouvement, d'après les principes que nous avons donnés plus haut, doit avoir lieu en sens contraire. C'est ce qui fait que l'une conduit les barrettes en avant et que l'autre les ramène en arrière.

On peut calculer la vitesse des vis, mais on a rarement occasion de faire ce calcul. Il suffit pour cela, de faire le produit de la vitesse de l'étireur par les pignons commandeurs, et de prendre comme diviseur le produit des commandées. Si l'on veut se rapporter au mouvement général que nous avons donné, on voit que l'on aura comme pignons commandeurs, celui qui est fixé sur l'axe de l'étireur et celui qui commande la roue d'angles des vis, et que les roues commandées sont cette roue d'angle et la roue droite fixée sur l'arbre de commande des vis.

Des étireurs. — Conduites par les barrettes, les mêches s'engagent entre les étireurs.

Ces derniers, en même nombre que les fournisseurs, sont d'un diamètre sensiblement plus gros et animés d'un mouvement plus rapide.

L'axe des étireurs inférieurs n'est autre chose que l'arbre moteur de la machine et les cylindres font entièrement corps avec lui. Il s'ensuit que c'est d'après leur vitesse que se règle celle des engrenages, en rapport cependant avec le nombre de dents du pignon de rechange.

Les étireurs supérieurs sont en bois, ou en fonte garnie de cuir, ou bien encore en gutta-percha. Lorsqu'ils sont en bois, ils s'usent rapidement et on doit les passer au tour assez souvent, ce qui diminue leur rayon. Pour éviter tous ces inconvénients, ou plutôt pour les atténuer, il est utile d'employer un bois très-dur et de les tenir dans un très-grand état de propreté.

Comme les étireurs supérieurs ne pourraient, par leur poids seul, déterminer une pression suffisante, on les munit toujours de contre-poids fixés à l'extrémité de leviers à plusieurs crans et à bras très-long. Tout est arrangé de telle sorte que les leviers soient reliés entre eux et qu'un seul poids règle la pression de deux paires de cylindres.

Un mécanisme spécial permet de remonter ces poids, quand on veut nettoyer la machine ou réparer quelques dégats. En effet, deux leviers à poignée, en forme de T, peuvent, en basculant sur une des règles qui font partie du bâtis, soulever les leviers à crans par leur extrémité supérieure. Il suffit, pour les maintenir dans cette position élevée, de les accrocher à la traverse d'arrière de ce bâtis.

Des paralléliseurs. — Les paralléliseurs ont pour effet de soutenir les quatre rubans amenés par les étireurs et de les réunir en un seul pour passer au rouleau débiteur. Ce sont des plaques horizontales en fer poli, placées un peu plus bas que les étireurs et munis de fentes correspondant à chaque ruban.

Dans la machine à étaler, ces fentes sont au nombre de quatre, quadrangulaires, allongées, et ayant leurs bords fortement arrondis pour éviter toute déchirure et favoriser le glissement. Placés dans chacune d'elles, les rubans glissent régulièrement le long de la plaque et parallèlement les uns aux autres jusqu'au point de réunion. L'angle d'inclinaison des fentes est de 45 degrés.

Il faut avoir soin, dans tous les cas, de proportionner la distance à parcourir à la résistance de la mèche. Le quatrième ruban, qui a un chemin plus long, doit être assez fort pour arriver sans rupture jusqu'au point de réunion. Ceci est très-important, car on voit ce ruban dans certaines manufactures se casser continuellement et par suite s'arrêter court; ce qui exige une surveillance toute particulière. Ceci peut dépendre de la trop grande vitesse de la machine ou du trop fort éloignement des paralléliseurs d'avec les cylindres étireurs. Ce désavantage est donc facile à corriger.

Au sortir des paralléliseurs, les mèches sont conduites dans les pots par le rouleau *débiteur* ou *lamineur*. Ce rouleau est unique et remplace les anciens rouleaux d'appel au nombre de trois ou quatre. Il n'a rien de particulier ; on lui donne généralement $\frac{1}{20}$ plus de débit qu'aux étireurs, afin d'empêcher les cordons de flotter.

Compteur. — On place ordinairement aux machines à étaler un compteur dont le but est de déterminer pour chaque pot une longueur et un poids identiques de ruban.

Il y a deux sortes de compteurs, le compteur à sonnette et le compteur à cadran. Ce dernier système n'est presque plus employé à cause de l'attention qu'il demande et de son facile dérangement.

Voici la disposition du compteur à sonnette. Une vis sans fin placée à l'extrémité du rouleau débiteur, engrène directement sur une première roue ; cette dernière porte sur son axe une autre vis sans fin qui engrène avec une autre roue munie de deux taquets. Dans leur révolution, ces taquets rencontrent une sonnette, et avertissent ainsi l'ouvrière qu'une certaine longueur de ruban a été fournie. La mèche est alors rompue et le pot remplacé par un autre vide.

Cette longueur est facile à calculer.

Nous savons que le débit du lamineur doit être égal au produit de sa circonférence par sa vitesse.

Or, si le diamètre de ce rouleau est de 0,084, par exemple, sa circonférence sera de 0,084 × 3,1416 ou 0,263.

La vitesse se calculera par le nombre des dents de la première et de la seconde roue, si l'une a 51 dents et l'autre 36, elle sera par minute de $51 \times 36 = 1836$.

La longueur débitée sera alors $\frac{1836 \times 0{,}263}{2} = \frac{482}{2} = 241$ mèt.

Si la roue n'avait qu'un taquet, la longueur débitée serait de 482 mètres.

Pour calculer la vitesse, on considère la vis sans fin comme un pignon d'une dent, puis on fait ce raisonnement : la vis sans fin faisant 36 tours pendant une seule révolution de la roue va 35 fois plus vite que cette dernière. La roue de 51 dents a aussi un mouvement 51 fois moins rapide que la vis sans fin qui la commande.

Dès lors, la vis sans fin du rouleau débiteur aura un mouvement plus rapide que les deux roues réunies et marchera par suite 1836 fois plus vite.

Lorsqu'on se sert de machines anglaises, on a le résultat en yards, mais on divise le produit par 36, nombre de pouces anglais contenus dans un yard.

Des pots de filature. — C'est dans des pots cylindriques et allongés, appelés en anglais *sett cans* (ou garniture) que le ruban vient se rendre.

Ces pots sont en fer forgé, et presque jamais en fer-blanc, qui a l'inconvénient de se bosseler rapidement, et qui dure très-peu de temps. Ils doivent être assez larges et assez profonds, de manière à contenir une assez grande quantité de lin, et autant que possible d'un poids uniforme.

Au sortir de la table à étaler, on les pèse pour connaître le poids de ruban que chacun d'eux contient et pour les assortir à la machine suivante ; car, malgré l'exactitude du compteur, l'ouvrière qui n'est pas toujours habituée au retour périodique et régulier du coup de sonnette, peut rompre le ruban ou trop tôt ou presque toujours trop tard. On obtient le poids net du ruban en plaçant un pot vide dans le plateau opposé à celui où l'on a mis un pot plein. Quand on se sert de la bascule de Quintenz et que les pots ont poids égal, on déduit la tare de mémoire.

Il y a quelquefois dans le poids de légères différences que l'on doit savoir combiner derrière les étirages ; on joindra par exemple un pot qui pèsera une livre de plus à celui qui pèsera une livre de moins, ou bien un pot de deux livres en sus à deux autres pots dont le poids serait diminué d'une livre pour chacun. Avec l'habitude, il est facile d'établir ces moyennes.

Nous avons décrit jusqu'ici la table à étaler pour le lin long. Celles qui servent au lin coupé sont à peu près semblables et l'étalage s'y fait de la même manière. Elles ont moins d'écartement entre les cylindres fournisseurs et étireurs, les rouleaux sont généralement d'un plus petit diamètre, et les barrettes ont par pouce un plus grand nombre de gils et un numéro beaucoup plus élevé. La longueur marquée par la sonnette est aussi souvent moindre. Le nombre des cuirs est de quatre, rarement de six.

Quant à l'étirage, il ne doit pas dépasser 30, ni être inférieure à 15. Le mécanisme est le même que celui des tables à lin long.

CHAPITRE XI.

TABLE A ÉTALER (*suite*).

Calcul de l'étirage. — Ce calcul s'applique à tous les métiers de filature. Nous allons d'abord indiquer par quel raisonnement on a été conduit à sa formule, et comment on l'applique dans la pratique.

En réduisant le mécanisme à sa plus simple expression et sans tenir compte du nombre des engrenages intermédiaires, nous avons :

1° Le pignon de rechange commandeur d'une première roue.

2° Un pignon fixé à l'extrémité de cette roue, commandeur d'une seconde roue.

3° Un 3e pignon commandeur de la roue du fournisseur.

En tout, trois pignons commandeurs d'une part et trois roues commandées de l'autre.

Désignons par c, c', c'' les commandeurs.

Et par r, r', r'' les roues commandées.

Nous devons pour calculer l'étirage trouver la vitesse du fournisseur qui dépend de celle des étireurs. Or, si nous représentons cette vitesse par v, nous trouverons, d'après nos premiers principes, pour vitesse de la première roue :

$$\frac{v \times c}{r}$$

La vitesse de la seconde roue sera :

$$\frac{v \times c \times c'}{r \times r'}$$

Et la vitesse de la roue du fournisseur :

$$\frac{v \times c \times c'}{r \times r' \times r''}$$

Si nous indiquons par d et d' les diamètres de l'étireur et du fournisseur nous aurons pour le débit de l'un :

$$(1)\ 3{,}1416 \times d \times v$$

Et pour le débit de l'autre :

$$\frac{3{,}1416 \times d' \times v \times c \times c' \times c''}{r \times r' \times r''}$$

Ces deux débits divisés l'un par l'autre doivent donner *l'étirage*, et l'expression générale de ce dernier sera :

$$3{,}1416 \times d \times v : \frac{3{,}1416 \times d' \times v \times c \times c' \times c''}{r \times r' \times r''}$$

Ou en supprimant les quantités communes :

$$\frac{d \times r \times r' \times r''}{d' \times c \times c' \times c''}$$

L'étirage est donc égal au *produit du diamètre de l'étireur par les commandées, divisé par le produit du diamètre du fournisseur par les pignons commandeurs.*

Si nous voulons appliquer pratiquement ces données, prenons l'exemple suivant :

L'étireur d'une table à étaler a 0,150 mm. de diamètre. Le pignon de rechange à 24 dents, la roue qu'il meut au moyen de deux intermédiaires en a 48. Cette roue porte de l'autre côté de son axe un pignon de 20 dents engrénant avec une roue de 60 dents qui porte un pignon de 29. La roue du fournisseur engrénant avec ce pignon a 60 dents, et le fournisseur 0,055 mm. Quel sera l'étirage de la machine ?

$$\frac{48 \times 60 \times 60 \times 0{,}150}{24 \times 20 \times 29 \times 0{,}055} = 32{,}90.$$

---

(1) Rapport de la circonférence au diamètre. (Voir plus haut : *Définitions*).

Calcul de la pression sur les cylindres. — On doit avoir soin de maintenir sur les cylindres, surtout sur les étireurs, une pression suffisante. Ce sont généralement des leviers à poids qui la communiquent.

Nous savons qu'un levier est une barre qui s'appuie sur un point fixe autour duquel elle est sollicitée à tourner par deux forces différentes, la puissance et la résistance. La distance du point d'appui à l'un des deux efforts s'appelle bras de levier.

Pour calculer la pression, on divise la longueur du levier à partir du point d'appui vers l'endroit où le poids se trouve accroché par celle du point d'appui à la résistance, et on multiplie par le poids. En voici un exemple.

Un levier a un poids pesant 15 kilogs, la distance du point d'appui au poids est de 80 centimètres et du point d'appui à la résistance 10 centimètres ; quelle sera la pression ?

$$\frac{80 \times 15}{10} = 12 \text{ kilogs.}$$

Dans le cas où l'on aurait à remplacer un poids perdu ou égaré on retournerait le problème :

Quel poids faudrait-il mettre au levier suivant pour obtenir 15 kilogrammes.

Distance du produit d'appui au poids : 80 centimètres ; distance du point d'appui à la résistance : 10 centimètres.

$$\frac{10 \times 12}{80} = 15 \text{ kilogs.}$$

On doit déterminer le poids d'après l'effet qu'on veut produire. Quand on voit que l'étirage du ruban a lieu sans que ce dernier se coupe, il ne faut aucunement augmenter la pression. On ne ferait que fatiguer le métier et prendre de la force au moteur.

Mais comme le levier est à crans, on peut diminuer sa longueur ou l'augmenter. Le problème prendra la tournure suivante :

Quelle sera la longueur d'un levier dont le poids a 15 kilogr. dont la distance du point d'appui à la résistance est de 10 centimètres, et qui doit communiquer 12 kilogr. de pression ?

$$\frac{12 \times 10}{15} = 80 \text{ cent.}$$

Calcul de la production en longueur. — Pour calculer la production en longueur d'une table à étaler dans un espace de temps donné, il faut calculer le développement de l'étireur pendant ce temps.

Si nous désignons par n le nombre d'heures de traval, par v la vitesse durant ces heures, le diamètre du cylindre étant d, et l la longueur débitée par pot, nous aurons :

$$\text{Développement} = 3,1416 \times d \times v$$

$$\text{Longueur totale} = 3,1416 \times d \times v \times n$$

$$\text{Nombre de pots débités} \quad \frac{3,1416 \times d \times v \times n}{l}$$

En appliquant ce raisonnemeut, nous aurons :

Supposons que les étireurs fassent 100 tours par minute, leur diamètre étant de 0,150 millimètres comme nous l'avons dit plus haut, leur circonférence sera :

$$0,150 \times 3,1416 = 0,47124$$

La longueur des brins est de :

$$0,47124 \times 100 = 47,15 \text{ par minute.}$$

Par heure : $47,15 \times 60 = 2829$

Par jour : $2829 \times 12 = 33948$ mètres.

Pour obtenir le véritable chiffre pratique, on déduit 15 pour 100, ce qui tient compte des arrêts de toutes sortes :

$$33948 - 5092,20 = 2885,60 \text{ —.}$$

Ou bien, on multiplie par 0,85.

$$33948 \times 0,85 = 2885,60.$$

Et si la longueur débitée par la sonnette est de 241 mètres, comme nous l'avons trouvée plus haut, le nombre des pots débités sera :

$$\frac{33948 \times 0,85}{241} = 120 \text{ pots environ.}$$

Calcul de la production en poids. — Pour connaître le poids total débité pour toute une journée, on multiplie le poids d'un seul pot par le nombre de ces pots obtenus dans la journée.

Comme on ne trouve à la bascule que des poids différents pour chacune des pesées, il est nécessaire de trouver un poids moyen. On l'obtient en faisant le produit de la charge par mètre étalée sur les cuirs par la longueur obtenue pour un coup de sonnette, et en divisant ce produit par l'étirage de la table.

Prenons pour exemple un étalage de 150 grammes. Avec les données que nous avons obtenues dans le calcul de la production en longueur, nous aurons pour le poids cherché :

$$\frac{150 \times 240}{32,90} = 11 \text{ kilogs environ.}$$

Le poids total sera dans ce cas de

$$11 \times 120 = 1330 \text{ kilog.}$$

Dans les machines anglaises les plus nouvelles, l'étalage est réglé à 11 livres (5 kilog. 500) par 500 yards (457 mètres).

DES MACHINES A CHAINES.

Généralement les tables à vis ou à spirales sont seules usitées aujourd'hui. Néanmoins, on rencontre encore dans certaines usines, de vieux métiers dits *à chaines*, d'autres dits *à tambour* ou *à système circulaire*, dus à Worthwoord.

Les métiers à chaines sont ceux où les barrettes sont guidées par des chaines, qui tournent d'un mouvement continu autour de deux rouleaux tendeurs. Contrairement au systême à vis, il y a autant de barrettes sur une face que sur l'autre, et celles-ci sur la face inférieure ont toujours les pointes des gills tournées vers le bas Leurs extrémités sont fixées dans des coulisses qui, tout en les soutenant, guident leur marche. Mais comme, dans le mouvement de bascule qu'elle sont obligées de faire à l'extrémité de leur course supérieure, elles peuvent retenir quelques déchets sur les rubans qu'elles soutiennent, on a toujours soin de disposer sous l'encadrement, une petite brosse-nettoyeur, tournant sans cesse dans un sens opposé au mouvement des chaines Ajoutons que les aiguilles des barrettes sont généralement plus courtes que dans les autres machines.

Si ces métiers sont encore tolérés chez certains manufacturiers, c'est parce que la production en poids y est presque toujours plus forte, et aussi à cause des rares dérangements du mécanisme. On a reconnu à la table à vis une supériorité incontestée, surtout à cause de la régularité de son travail, du ruban plus net qu'elle permet d'obtenir et parce que les barrettes peuvent s'approcher plus près des cylindres étireurs.

La manière de calculer l'étirage diffère encore pour ces machines, il en est de même pour le calcul du compteur, dont le mouvement dépend ici du fournisseur.

Dans les machines à système circulaire, les barrettes soutenues par un tambour animé d'un mouvement circulaire continu ne font guère que tourner. Nous croyons ces sortes de métiers complètement disparus de nos usines.

CHAPITRE XII

TABLE A ÉTALER (*suite*).

La formation du ruban est un des principes les plus importants de la filature, car c'est le point de départ de la formation du fil ; et, comme tout en étant la conséquence de la régularité du travail de la machine, elle dépend en grande partie de la manière d'étaler, il est bon que nous nous arrêtions sur ce point.

Il s'agit en étalant de réunir entre elles les diverses mèches, tout en les allongeant, de façon à ce qu'on ne puisse plus les distinguer les unes des autres et à ce qu'elles forment ensemble un cordon continu. Pour arriver à ce résultat, les ouvrières, s'il y a lieu, déplient d'abord les mèches, et, faisant disparaître la trace du pli par un léger coup de main, les couchent dans toute leur longueur sur les cuirs sans fin. Elles ont soin de les échelonner les unes sur les autres, de manière qu'elles se recouvrent mutuellement. A mesure qu'elles les placent sur la table, elles les étendent souvent avec la main, afin que les brins soient tous couchés dans leur longueur ; de même, elles les élargissent avec les doigts, avec la plus grande régularité possible, pour leur faire occuper à peu près toute la largeur des cuirs.

Ce sont là des principes généraux que toute ouvrière connaît. Mais de quelle manière les mèches doivent-elles se recouvrir l'une l'autre ; quelles sont les précautions à prendre pour arriver à ce résultat ? c'est ce que nous allons examiner.

Pour que le soudage de chaque mèche s'effectue, il faut que les pointes des queues se terminent d'une manière irrégulière et non par une section droite. L'étirage n'est possible qu'à cette condition, véritablement indispensable. Rendons-nous compte d'un étalage effectué avec d'autres mèches et nous serons convaincus. Les étireurs, marchant plus vite que les cylindres fournisseurs, saisiraient la pointe d'un première mèche, l'entraîneraient rapidement, et celle-ci glissant sur celle qui la suit, la laisserait bientôt en arrière. Il se produirait dans le ruban des solutions de continuité, en terme de filage *des coupures*.

Mais si les mèches se terminent d'une manière irrégulière, qu'arrivera-t-il ? L'étirage sera toujours alimenté , car, dès que les pointes de la première mèche, étirées par le cylindre, ne se présenteront plus en assez grande quantité à l'entrée de l'étireur, la seconde mèche dont les pointes auront glissé sur une partie de la première, viendra s'offrir à son tour au rouleau, qui l'étirera et s'emparera de la troisième lorsque l'étirage de cette seconde mèche aura cessé. Les mèches ne pourront de la sorte se distinguer entre elles et le ruban sera d'une grande netteté.

D'ailleurs, lorsque les mèches sont bien peignées, les filaments de lin, qui sont tous de longueurs différentes, sont très-propres à être étalées et il est facile sur la table de la machine de les unir à une autre mèche. Dans la filature de lin coupé, nous avons vu que pour favoriser cette irrégularité au peignage, on avait soin plutôt d'arracher brusquement les filaments mis en masse que de les couper avec un instrument tranchant.

Pour arriver à un bon système d'étalage, on doit indiquer à l'ouvrière certaines précautions à prendre, en un mot lui donner des conseils. Cette méthode est de beaucoup préférable à celle qui consiste à laisser l'ouvrière étaler comme elle l'entend, pour assortir ensuite les rubans derrière les bancs d'étirage. C'est ce que nous allons démontrer en indiquant en même temps quelques règles à suivre.

Tout en suivant les principes que nous avons exposés, les principales précautions que doit prendre l'ouvrière sont :

1° De bien diviser les mèches avant l'étalage, selon la qualité du lin, et de façon à ne pas trop charger la machine ;

2° D'étaler sur toute la largeur des cuirs sans fin, sans chiffonner la matière;

3° D'étaler autant que possible le même poids en lin dans l'intervalle d'un coup de sonnette à l'autre, et surtout sans changer ce poids avec le numéro pour la même machine.

Nous disons d'abord que les mèches doivent être bien divisées. Cette opération se fait ordinairement à la main, quelquefois avec la balance qui n'a dans ce cas qu'un seul plateau équilibrant un poids constant. L'emploi de cet instrument, excellent lorsqu'il s'agit de matières secondaires (comme les étoupes pour la carde), n'est plus aussi bonne, quand on veut étaler des lins : la matière souvent se chiffonne et s'entrelace, ce qui détruit le parallélisme des brins.

Dans tous les cas, cette division n'est pas la même pour tous les lins, mais il est surtout nécessaire de ne pas la changer pour les lins de la même sorte. Evidemment, pour les lins fins et les lins coupés, les poids étalés ne seront pas les mêmes que pour les lins ordinaires, mais aussi la machine sera autre pour les uns et les autres, de même que l'étirage, selon les diverses méthodes. Lorsqu'on a trouvé le poids convenable, on doit s'y conformer. Il pourra se présenter certaines difficultés au moment de changements marqués dans la finesse de certaines parties de lin, mais si l'ouvrière est intelligente, elle saura au bout d'un certain temps étaler les quantités nécessaires. Elle n'arrivera certainement à son but qu'après quelques tâtonnements. Cependant elle s'apercevra facilement du trop fort chargement de son métier, si les rubans, au lieu d'entrer correctement dans les peignes, flottent au-dessus d'une certaine quantité.

L'ouvrière devra échelonner son lin convenablement et sans trop grand écartement entre les extrémités des mèches. Aucune règle ne peut-être posée pour cet écartement, car celui qui est convenable pour les lins fins ne l'est aucunement pour les lins de qualité médiocre. Il est en quelque sorte en rapport avec le chargement. L'ouvrière devra se conformer en ce qui s'y rapporte aux conseils du directeur et du contre-maître. Elle ne peut non plus s'inquiéter des lignes qu'on aurait tracées de distance en distance sur les cuirs sans fin, car outre que ces indications servent peu par elles-mêmes, l'ouvrière ne peut plus les découvrir lorsque les mèches sont étalées.

On tolère dans certaines filatures un étalage à la main, excellent dans certains cas et qui donne assez souvent de bons résultats. C'est celui qui consiste, en plaçant les mèches sur les cuirs sans fin, les unes à la suite des autres, à les tirer de la main droite par une extrémité, tandis qu'on appuie sur l'autre bout avec la main gauche. C'est là une sorte d'étirage à la main, précédant le travail de la machine.

Nous n'avons pas à le déconseiller, c'est à chacun à voir s'il s'en trouve bien. L'inconvénient le plus sérieux qu'on reproche à ce système est de bomber les mèches et par suite de les empêcher d'entrer facilement dans les gils.

Nous avons dit plus haut que c'était une faute de changer le poids avec le numéro. Certains manufacturiers, par exemple, étalent 25 grammes pour un numéro donné en laissant entre l'extrémité des mèches un écartement de 1/2 décimètre. Cet écartement étant bien établi et trouvé bon, ont-ils à faire un numéro plus gros, ils étalent double poids par mèche, avec un écartement de 1 décimètre. Notons que c'est pour la même machine et pour le même pignon. Or, outre qu'ils auront presque toujours donné un trop fort chargement à la machine, ce qui ne peut qu'amener un mauvais ruban, croient-ils avoir suffisamment alimenté l'étirage? Le nouvel écartement produira des coupures sans nombre, auxquelles on peut remédier bien vite, il est vrai, si on peut en saisir les causes, mais qui n'en existeront pas moins. En outre, en supposant que le nouveau poids convienne à la machine, ceci pourra-t-il constituer un système régulier pour chaque numéro? Dans une filature, il arrive très-souvent qu'on ait à faire des numéros variés, et avec ce système il faudrait dans certains établissements changer le poids à étaler presque tous les jours.

Mais, pas plus qu'on ne doit trop charger la machine pour la fabrication de gros numéros, on ne doit pas trop diminuer le poids des mèches pour des numéros fins. Certains fabricants, dans ce dernier cas diminuent encore les doublages derrière les bancs d'étirage. Ils montrent par cela même, qu'ils n'ont aucune notion de l'utilité des doublages qui servent à la régularisation du ruban primitif et par suite du fil. En outre, il n'est jamais possible de pousser ce système assez loin pour compenser les différences qu'il y a de certains numéros à d'autres.

Rappelons-nous que le numéro dépend de l'étirage et plus tard des doublages successifs, et non de la manière d'étaler. Voulez-vous un gros numéro, étirez peu ; voulez-vous au contraire un numéro plus fin, donnez de plus forts étirages à vos machines. Nous savons même que quelques filateurs, n'ayant en vue que ce principe, ne changent jamais leur pignon dans la table à étaler et par suite conservent toujours un même étirage. Ils trouvent dans les bancs d'étirage assez de ressources pour parvenir à la fabrication du numéro qu'ils ont en vue. Leur système ne peut être mauvais. C'est une de ces nombreuses combinaisons par lesquelles on peut arriver à un résultat aussi avantageux qu'avec d'autres méthodes. L'expérience en démontre à chacun la juste application.

Le système que nous venons d'examiner n'est pas meilleur que celui qui consiste à laisser le soin de l'étalage à l'ouvrière seule, pour assortir ensuite les rubans en un poids constant derrière le premier étirage ou doubleuse. Ainsi, par exemple, on est convenu de mettre 30 kilogs derrière la doubleuse, mais comme chacun des pots avec cette méthode peut avoir un poids très-différent, le nombre de pots qui composeront les trente kilogs sera tantôt de 9, tantôt de 10, tantôt de 13. Alors, le ruban qui sortira de la machine aura toujours le même poids, même avec un nombre varié de doublages et c'est ce poids qui servira de base au calcul.

Ce système est irrationnel et irrégulier. Il présente d'abord un inconvénient, parce qu'il ne convient que pour assortiment ; car, bien qu'on puisse l'utiliser à la rigueur, lorsqu'on a un grand nombre de pots à sa disposition, il est tout-à-fait impossible de le faire lorsqu'on est arrivé à la fin de cet assortiment, le nombre des pots étant diminué de beaucoup. On se contente alors d'une simple approximation. Remarquons qu'en outre on ne peut, comme dans le système ordinaire, remplacer un pot par un autre, lorsque le premier est vide, puisque ces pots n'ont pas le même poids, ce qui résulte du principe même. Néanmoins, comme les longueurs des rubans sont loin d'être identiques, on est obligé, pour retirer tous les pots ensemble, de rattacher des bouts de rubans aux premiers et d'en gâter ainsi les extrémités. Quelquefois, lorsqu'on n'est pas certain du poids total, ont est obligé de peser de nouveau les garnitures comme vérification, et de corriger soi-même les inégalités. Nous n'avons pas vu ce système en vigueur, même dans les établissements qui fonctionnaient le plus mal, mais il paraît que pendant longtemps il a existé dans nos filatures.

Si nous insistons sur ces principes, c'est qu'on peut les ranger parmi les points les plus importants de la fabrication des fils. On se demande quelquefois pourquoi tel fil est incorrect, boutonneux, inégal ; ceci peut provenir de la mauvaise construction des machines ou de leur ancienneté, des combinaison fautives qu'on aura employées ou des matières trop médiocres. Mais on peut si le ruban est mauvais, avoir du fil dans de mauvaises conditions, même avec d'excellentes machines, avec des combinaisons bien faites, avec des lins de première qualité. Nous le répétons, le poids peut varier avec l'étirage, mais que la manière d'étaler reste la même pour tous les lins, pour tous les numéros. Les ouvrières chargées d'étaler, commettront bien moins d'erreurs dans une opération où les erreurs sont si importantes et peuvent peser sur toute une fabrication.

Repasseuse-Étaleuse Masurel.

Construction Walker.

Cette machine, d'invention récente, ne supprime pas le peignage mécanique, comme on l'avait dit tout d'abord, elle est destinée à remplacer les repasseurs à la main et la table à étaler. Elle est due à M. Masurel, directeur de la filature de M. A. Chapellier, à Masnières.

Voici comment elle est ordonnée :

Les poignées de lins, saisies par un ouvrier, qui en forme des poids égaux, sont placées sur deux plaques en fer-blanc, qu'un ingénieux mécanisme fait avancer à sa portée. Elles sont aussitôt directement engagées sur la table à repasser par le mouvement continu de plusieurs paires de roues à côtés plats qui les saisissent par le milieu. Ces roues sont surmontées chacune de romaines pour faire pression. De chaque côté de la table et au fur et à mesure, qu'ils s'avancent, les cordons ont leurs extrémités repassées légèrement par deux nappes sans fin, garnies de peignes et tournant d'un mouvement régulier et continu. Les étoupes provenant de ce travail, recueillies par des brosses placées contre les gils, sont reprises à rebours par des doffers, et rejetées dans un bac inférieur, au moyen d'un long peigne animé d'un mouvement alternatif de va-et-vient.

Après avoir été soumises au repassage sur une course d'environ deux mètres, les mèches sont amenées dans une coulisse au moyen du jeu continuel de deux rateaux en fer, qui les entraînent. C'est dans cette coulisse que se trouve le cuir sans fin de la table à étaler. Aussitôt qu'une poignée de lin y est tombée et qu'elle est entraînée par le cuir, celle qui la suit vient se mettre à sa suite, comme l'y placerait une ouvrière étaleuse, le cuir engage ces cordons sous les fournisseurs de la table à étaler, dont les autres parties sont identiques à celles des machines de ce genre.

Le seul avantage sérieux que présente cette repasseuse, est de forcer l'ouvrière à surveiller plus attentivement le lin qui s'étale de lui-même, et dès lors à donner, par son aide, un étalage plus régulier.

Mais les inconvénients sont nombreux. Tout d'abord, le repassage qui est une sorte de complément du travail des machines, est essentiellement un travail manuel ; à la mécanique, il ne peut certainement être fait avec autant de soin.

En outre, la machine n'a qu'un cuir, et nous ne croyons pas possible que l'on puisse regagner en vitesse le travail de deux ou de quatre cuirs étaleurs.

Remarquons aussi qu'un seul ruban, bien qu'étalé avec plus de régularité, présente difficilement autant d'homogénéité dans toutes ses parties que plusieurs rubans dont les irrégularités se corrigeant en quelque sorte mutuellement, donnent au cordon total une égale épaisseur dans toutes ses parties. Dès qu'il sera irrégulier en sortant de la table, le ruban se corrigera peu aux étirages.

Néanmoins, cette machine nous semble encore trop nouvelle pour que nous puissions en donner une sérieuse appréciation. Elle reste toujours comme la preuve d'un génie inventif et ami du vrai progrès.

La pratique nous montrera si elle présente réellement sur le repassage à la main, une économie sérieuse comme travail et frais de production; si, en outre, elle ne comporte pas dans toutes ses parties un de ces mille inconvénients, si communs dans les machines de ce genre : arrêts fréquents, bris réitérés, soins excessifs, réparations difficiles, etc., etc. L'industrie en jugera.

CHAPITRE XIII.

BANCS D'ÉTIRAGE.

Lorsqu'un certain nombre de pots ont été remplis à la table à étaler, et qu'on en a vérifié le poids, on les porte derrière le premier banc d'étirage, dit doubleuse ; au lieu de réunir les mèches pour en former un ruban, cette machine réunit ensemble plusieurs rubans, qui sortent en un seul sur le devant du métier. On est dispensé du soin d'étaler, mais on retire des pots qu'on a disposés les uns à côté des autres les bouts supérieurs des rubans qu'ils contiennent ; on les engage soi-même entre les fournisseurs, d'où ils suivent assez régulièrement jusqu'au parallélisseur, dans les fentes duquel on les fait passer rapidement ; puis on les fait sortir en un seul au rouleau d'appel.

Cette réunion de rubans en un seul est désignée sous le nom de doublage. Elle a pour effet de donner au ruban sorti de la table une plus grande régularité, tout en l'étirant toujours. Les inégalités des uns et des autres peuvent de la sorte facilement se compenser.

Quand on a réuni les rubans sur cette première machine, on les fait passer sur un second banc d'étirage, puis sur un troisième, et enfin sur un quatrième, quand on veut obtenir des fils d'un numéro très-élevé. Sur ces divers métiers, le ruban se régularise de plus en plus, quant au travail, il est identique : la seule différence qui existe est dans le nombre de doublages et dans le degré de l'étirage. Toutes les manufactures comportent aujourd'hui au moins trois étirages ; quand on emploie le quatrième banc, on lui donne un étirage très-petit, afin de ne pas fatiguer la matière.

Le mécanisme de ces machines est le même que celui de la table à étaler, nous nous dispenserons de le décrire. L'ensemble des métiers est encore à peu près identique. Nous n'y retrouvons plus la table en tôle qui est remplacée par un certain nombre de rouleaux conducteurs, mais on y voit encore les cylindres, les barrettes conduites par des vis et les rouleaux d'appel, tout cela fonctionnant de la même manière et d'après les mêmes principes. Dans la forme générale existe quelques différences, ainsi les deux appareils sont presque toujours placés à la même hauteur, ce qui fait que les rangées de peignes qui vont de l'un à l'autre marchent suivant une direction horizontale. Les fournisseurs sont souvent au nombre de trois et l'un d'eux est placé entre les deux autres. Les rubans s'engagent au-dessous du premier fournisseur, passent ensuite au-dessus du cylindre du milieu et de là sous le troisième cylindre pour être saisis par les gils. On donne le même mouvement au premier et au troisième, qui étant d'un même diamètre font le même nombre de tours ; le fournisseur du milieu adhère aux autres par son propre poids, et, comme en outre les rubans le serrent fortement contre les deux autres, il est inutile d'exercer une pression sur ce rouleau. Remarquons que les boulons qui soutiennent l'ensemble du bâtis permettent de faire varier l'écartement des fournisseurs d'avec les étireurs, selon la qualité du lin que l'on travaille.

Quant aux bancs d'étirage eux-mêmes, ils ne varient que d'après les dimensions, qui vont en augmentant du premier au dernier, le nombre de têtes d'étirage (séries de barrettes), la finesse des gils dont les aiguilles sont au premier banc plus laches et d'un numéro plus bas. Aux parallélisseurs, une fente correspond à chaque passage.

Le premier étirage est le plus solidement construit ; il a souvent deux têtes d'étirage, six ou huit passages et trois rubans par passage, l'étirage est compris entre 15 et 25. Pour les numéros très-élevés (lin coupé en deux), chaque tête à de 6 à 8 rubans, dont on peut réunir 3 à 6, 4 à 8 ensemble, parce que le rouleau d'appel se divise en deux ; l'étirage varie de 8 à 12. Pour les numéros au-dessus de 100 (lins coupés en 3 et 4), l'étirage est compris entre 8 et 10.

Le deuxième étirage, porte souvent trois têtes et 6 rubans par tête, se réunissant en 3 ou 6, l'étirage allant de 12 à 22. Pour le lin coupé, on met 8 rubans par tête, se réunissant à 2, 4, 6 ou 8 ensemble, l'étirage variant de 12 à 18.

Le troisième étirage porte 4 têtes, 6 à 8 rubans par tête ; pour le lin coupé, 8 à 12. Étirage très-faible.

Le quatrième étirage a 4 têtes, 12 rouleaux par tête, un seul ruban par rouleau. Étirage minime. Très-faible écartement entre les peignes.

Doublages. — Nous avons dit que le doublage était la réunion des divers rubans derrière les étirages. Aussi, quand un ruban sort de l'un des bancs, il a acquis un nombre de doublages égal au nombre de rubans qui l'ont produit. S'il a fallu 10 rubans, on dit que le doublage est de 10.

C'est par les doublages qu'on connaît le poids du ruban sortant. Il est donné par le produit du nombre des rubans eux-mêmes, par le poids de l'un de ces rubans, divisé par l'étirage.

Supposons, en effet, qu'un des pots placés derrière l'un des étirages pèse 6 kilogs 300 grammes ; si le ruban sortant est la réunion de 10 rubans de même poids, il est devenu 10 fois plus fort, il faudra donc le multiplier par 10 ; mais si la machine étire 14, ce poids deviendra 14 fois plus faible, pour une longueur égale, il faudra donc le diviser par 14. On aura donc pour poids sortant :

$$\frac{6{,}300 \times 10}{14} = 4 \text{ kilogs } 500.$$

Le poids du ruban sortant est encore égal au rapport du poids total des rubans à l'étirage de la machine ; exemple :

$$\frac{63{,}000}{14} = 4 \text{ kilogs } 500.$$

Production. — La production en longueur se calcule de la même manière que pour la table à étaler. On ne déduit cependant que $\frac{1}{6}$ pour 100, pour les arrêts de toute nature et les nettoyages.

Mais quand on veut calculer la production en poids dans l'unité de temps, on doit tenir compte du poids et de la longueur des rubans qui forment l'assortiment. On déduit encore du chiffre trouvé $\frac{1}{6}$ pour 100, afin de se rapprocher du chiffre pratique.

Cette production s'obtient en multipliant, le poids total des rubans, par la longueur développée par l'étireur, et divisant ce produit par la longueur des rubans multipliée par l'étirage. En voici un exemple :

Dans un banc d'étirage, le poids total des rubans qui forment l'assortiment, est de 49 kilogr. 200 grammes, et leur longueur est de 260 mètres 2 décimètres ; quel poids de ruban ce métier donnera-t-il par minute, si la machine étire 16 et si l'étireur développe 20 mètres ?

$$\frac{20 \times 49,200}{260,2 \times 16} = 0 \text{ k. } 263 \text{ g. par minute.}$$

Ce qui fait pour une heure :

$$0,263 \times 60 = 14,160.$$

Et par journée de 12 heures

$$14,160 \times 12 = 169,920.$$
$$169,920 - 0,285 = 169.635.$$

Étirage. — La méthode de calcul que nous avons indiquée pour la table peut ici s'appliquer. D'une part, le produit des commandés par le diamètre de l'étireur, d'autre part le produit des commandeurs par le diamètre du fournisseur, divisés l'un par l'autre donnent le chiffre exact de l'étirage.

Une doubleuse a par exemple les engrenages suivants : sur son cylindre étireur de 3 pouces de diamètre est un pignon de 30 dents qui, par 2 intermédiaires, commande la roue variable d'étirage de 40 dents, à l'extrémité de l'arbre qui supporte cette roue est un pignon de 20 dents, commandant une roue de 60 dents, engrénant avec un pignon de 16, qui fait tourner la roue du fournisseur de 40 dents.

Le fournisseur a un diamètre de 2 pouces. L'étirage sera de :

$$\frac{40 \times 60 \times 40 \times 3}{30 \times 20 \times 16 \times 2} = 14,42.$$

Mais les effets produits par le pignon de rechange, sont variables suivant que ce pignon est fixé sur l'axe de l'étireur (système suivi par Fairbairn) ou sur l'arbre de derrière (Lawson).

Dans le système Fairbairn, la roue de l'arbre de derrière devient pour ainsi dire un intermédiaire. Or, je suppose la machine construite de telle sorte, que le pignon fixé sur l'étireur transmette directement le mouvement à l'autre cylindre, on laissera alors à l'étireur une même vitesse, quand au contraire, celle du fournisseur changera et tendra à devenir moindre, l'étirage sera évidemment plus grand. Si, dans la disposition du métier, les deux cylindres reçoivent leur mouvement de la roue fixée sur l'arbre qui porte la poulie de commande, l'étireur ayant un pignon plus petit, augmentera de vitesse, celle du fournisseur ne changera pas, et il y aura encore augmentation d'étirage.

Dans ce cas. quand on veut se servir d'un nombre constant pour calculer cet étirage, ont fait le produit du nombre de dents du pignon de rechange, par l'étirage qui lui correspond. On obtient le nombre de dents d'un nouveau pignon avec le quotient du nombre constant par l'étirage cherché.

Ainsi, si l'on a trouvé un étirage de 14,42 pour un pignon de 30 dents, le nombre constant pour un autre étirage sera :

$$14,42 \times 30 = 432,60.$$

Le nouveau pignon pour un étirage de 10 aura :

$$\frac{432,60}{10} = 43 \text{ dents.}$$

Dans le système Lawson, l'étirage diminue ou augmente selon que la denture du pignon est plus ou moins nombreuse. Ceci vient de ce qu'il commande directement le fournisseur, tandis que l'autre cylindre a une vitesse constante. Le nombre des dents étant plus petit, le rouleau commandé marche plus vite, l'étirage diminue ; le nombre des dents augmentant, le nombre des révolutions du fournisseur est moindre, l'étirage devient plus fort.

Pour le calcul de l'étirage dans les machines de cette construction, le nombre constant est égal au quotient du nombre de dents du pignon de rechange par l'étirage trouvé, et le nombre des dents du pignon cherché au produit du nombre constant par l'étirage que l'on veut obtenir :

Ainsi, pour un métier étirant 15 avec un pignon de 45 dents, le nombre constant sera :

$$\frac{45}{15} = 3.$$

Le pignon cherché aura pour un étirage de 12 :

$$12 \times 3 = 36 \text{ dents.}$$

Si nous voulons avoir une application pratique de ces principes, prenons pour exemple, le métier dont nous avons calculé l'étirage plus haut :

$$\frac{40 \times 60 \times 40 \times 3}{30 \times 20 \times 16 \times 2} = 14,42.$$

Supposons d'abord que le pignon de rechange soit fixé sur l'étireur, ce sera alors celui de 30 dents. Si nous voulons un étirage moindre, soit de 12, le pignon devra être plus grand et aura 36 dents, si, au contraire, on désire un étirage plus fort, soit de 20, le pignon alors plus petit aura 21 dents.

Mais si nous supposons le pignon de rechange fixé sur l'arbre de derrière, ce sera celui de 40 dents pour arriver au même étirage. Donnons à la machine un pignon plus grand, soit de 54 dents, nous aurons un étirage de 20, c'est-à-dire plus grand ; avec un pignon plus petit, de 32 dents par exemple, l'étirage sera de 12, c'est-à-dire moindre.

CHAPITRE XIV.

BANCS D'ÉTIRAGE (*suite*).

Les étirages sont aujourd'hui des machines indispensables à la filature de lin. En principe, un fil ne sera net et correct qu'à la condition d'avoir été doublé et étiré plusieurs fois.

Ces métiers sont pourtant venus les derniers. Les premiers fils fabriqués en France passaient directement de la table à étaler au banc-à-broches et de là au métier à filer. Mais aussi la différence est grande entre les produits d'alors et ceux de nos manufactures actuelles. Il n'y a plus que les fils pour toile d'emballage qui ne soient plus passés aux étirages, car il n'est pas nécessaire qu'ils aient la netteté des autres. De nos jours presque toutes les filatures qui produisent des numéros au-dessus de 10, ont deux ou trois bancs d'étirage.

Le but de ces machines est de régulariser le ruban primitif, de rétablir le parallélisme des brins, et, selon les cas, d'assouplir la matière première elle-même.

La régularisation du ruban par les étirages est un fait établi. Doublés sur plusieurs bancs et étirés chaque fois d'une certaine quantité, les rubans ne peuvent qu'être plus réguliers, Il suffit ponr s'en convaincre de comparer le ruban qui sort de l'étaleuse et celui que l'on place derrière le banc-à-broches.

Mais nous disons aussi que les brins deviennent d'un parallélisme plus correct. Ceci est dû à l'étirage que subit le ruban total, sur chacun des métiers. Les étireurs allongent en effet la matière, et par cette traction, forcent les filaments à prendre une position rectiligne parallèle à eux-mêmes. Il est nécessaire néanmoins pour donner une plus grande régularité au ruban total, de changer chaque fois, le côte par où chacun d'eux entre dans un étirage. Il n'y a toutefois aucune règle à observer ici, c'est un principe que nous posons et que l'on suit naturellement. Lorsqu'on range en effet plusieurs pots derrière un banc d'étirage, on fait passer ensemble par les étireurs, les bouts supérieurs des rubans ; or, remarquons que lorsque ce ruban tombe de l'étaleuse, la partie antérieure va au fond du pot, par conséquent, c'est la partie postérieure que l'on fait entrer dans la machine et le côté du ruban change à chaque moment. Cependant ceci n'aurait pas lieu dans le cas où l'on renverserait les rubans d'un pot dans un autre. Aussi, est-ce une grande erreur en filature, de garnir un pot vidé avant un autre, avec une partie d'un ruban voisin. Certains ouvriers agissent ainsi sans connaître la conséquence de ces remaniements, qu'il est toujours urgent d'empêcher.

Les étirages assouplissent encore la matière première. Ceci n'est vrai que jusqu'à certain point ; il est des lins qui ne pourraient supporter d'être longtemps travaillés, d'autres au contraire y gagneraient beaucoup. Il est de fait, dans tous les cas, que la plupart des lins ont une souplesse bien plus grande au sortir du dernier étirage, qu'en entrant dans l'étaleuse. Mais parmi eux, certains produits durs et cassants, très-chargés de matière résineuse et qui perdent beaucoup sur ces métiers (on le voit d'ailleurs par les dépôts qui s'accumulent sous chaque machine), ces lins, dis-je, s'énerveraient par un trop grand travail, et ce serait les fatiguer inutilement que de les faire passer sur plus de deux ou trois bancs. Quoique l'on fasse, on ne pourra jamais produire de hauts numéros avec toutes sortes de lins. Et d'ailleurs, il est un tait dont quelques industriels ont pu se rendre compte : il peut arriver en effet, qu'un des métiers s'arrêtant brusquement, on soit obligé d'enlever tout le lin dont il est garni, pour le soumettre à un nouveau peignage et le faire passer ensuite à la table à étaler. Or, remarquons que si le lin est mauvais ou médiocre, il perd beaucoup à cette manœuvre, et qu'au contraire, si la matière est fine et de qualité supérieure, elle gagne et peut donner des numéros plus élevés.

Il y a dans ces machines, quatre éléments variables et que doit régler le filateur ; ce sont :

1° La quantité d'étirages qu'on doit donner au ruban à chaque passage (quantité qui varie toujours, comme pour la table à étaler, avec le nombre des dents d'un pignon de rechange) ;

2° Le nombre de doublages ;

3° L'écartement à établir entre l'étireur et le fournisseur ;

4° Les pressions que chaque tête de cylindre doit supporter.

La combinaison des doublages et des étirages, pour arriver à un numéro donné, est une des opérations les plus complexes de la filature. En principe, plus on réunira de rubans sur ces machines, plus on aura de chances de régularité dans le fil que l'on veut fabriquer. Néanmoins, le filateur doit juger lui-même si sa machine peut supporter tel ou tel nombre de rubans sans être engorgée, où si le lin qu'il emploie, .peut passer sur un troisième ou quatrième banc d'étirage sans s'énerver. Dans un grand nombre de manufactures, dans le but d'éviter de trop grandes complications en même temps que pour éloigner les erreurs répétées pour les ouvriers, on adapte derrière chaque machine, un nombre de doublages constant et on ne fait varier que les étirages. Il est évident que ce système est excellent, en ce sens que tout en permettant d'arriver à un bon résultat, il évite véritablement au contre-maître de grands embarras et fait que les ouvriers habitués à un même nombre de pots, maintiennent toujours ce nombre complet; mais nous ne pouvons le poser en règle définitive, une autre méthode pouvant encore donner de bons produits. Quoiqu'il en soit, nous croyons qu'il serait bon que chaque établissement possédât au moins trois bancs, sinon quatre, à moins que l'on ne file des numéros très-bas. Si l'on file en même temps que ces derniers des numéros assez élevés, on fait passer les rubans des uns sur trois bancs, quant aux autres, en supposant qu'on ne veuille pas déranger un ordre établi et qu'on veuille se servir des mêmes machines, on les fait passer sur un même nombre de bancs, mais avec un système qui rende la machine inutile pour ces numéros. Par exemple, étirer 12 en doublant 12, c'est absolument comme si l'on n'avait rien fait.

Voici un exemple de doublages pour numéro moyen. Je suppose une table à étaler de 4 cuirs, et pour les autres machines les nombres suivants :

Table à étaler	4 rubans.
Doubleuse	18 d°.
2e étirage	12 d°.
3e étirage	6 d°.

Doublage total : 4 × 18 × 12 × 6 = 5,184.

Autre exemple pour les numéros fins :

Table à étaler	6 rubans.
Doubleuse	24 d°.
2e étirage	16 d°.
3e étirage	8 d°.

Doublage total : 6 × 24 × 16 × 18 = 18,432.

Il ne faut jamais diminuer le nombre de doublages à mesure que le numéro hausse. Nous avons indiqué dans nn autre chapitre l'inconvénient de cette méthode. Dans ce cas, certains filateurs peignent leur lin outre mesure et le font passer très-peu sur les étirages. Ils arrivent à de bons résultats, mais en multipliant les étirages, ils produiraient encore mieux. Nous connaissons dans le Nord une filature de fins numéros, dont les produits sont toujours excellents et qui emploie trois doubleuses, deux seconds étirages, un troisième et un quatrième.

Les éléments qui présentent le moins de difficultés pour le filateur sont les pressions à donner aux étireurs et les écartement de ces cylindres d'avec les fournisseurs. On juge que la pression d'un rouleau est convenable lorsqu'elle suffit pour le laminage des aspérités que présentent les brins, et quand les cylindres supérieurs tournent bien. Pour des étireurs de même diamètre et de vitesse constante, étirant des rubans à peu près de même grosseur, la pression sera toujours la même, on l'augmentera légèrement avec les écartements. Ces écartements, faciles à régler, varieront avec les longueurs des brins et seront un peu plus grands que ces longueurs.

Les étirages forment un ensemble de machines qu'il est nécessaire de mettre en rapport entre elles, de telle sorte que ni l'un ni l'autre des métiers à alimenter ne puisse chômer par défaut de production des machines qui précèdent. Il est important de régler chacun des débits pour que ce principe soit observé scrupuleusement.

Quand on veut connaître par avance le nombre des rubans qu'un des étirages devra fournir à celui qui le suit, il faut d'abord faire le produit du débit de l'étireur de la machine qui fournit les rubans par l'étirage du métier qui les reçoit, et diviser le tout par le développement de l'étireur de la machine alimentée.

Une table à étaler par exemple a pour son étireur un développement de 38,09 ; le premier étirage, qu'elle alimente directement, étire 16, et a un étireur qui dévoloppe 27. Le nombre de rubans fournis sera de :

$$\frac{38,09 \times 16}{27} = 22.$$

Mais le premier étirage, dont l'étireur développe 27, produit deux assortiments pour une seconde machine. Cette dernière ayant le même étirage que le premier métier a un cylindre étireur développant 27 ; par suite le nombre de rubans fournis par la première machine sera de :

$$\frac{54 \times 16}{27} = 32.$$

S'il y a deux têtes, nous aurons dès lors 16 rubans pour chacune d'elles.

Supposons que le deuxième métier ait 16 d'étirage et 27 comme développement de cylindre ; s'il produit trois assortiments, pour un troisième il donnera, s'il y a trois têtes, 12 rubans pour chacune, soit ensemble :

$$\frac{81 \times 16}{27} = 48.$$

Cet étirage alimente un banc-à-broches et produit pour lui six assortiments. L'étireur de la machine développe 27, et celui du banc-à-broches 24,03, on a alors pour un même étirage le nombre de broches alimentées par le dernier métier. Il est nécessaire de tenir compte des arrêts de toute nature pour avoir un nombre exact et par suite d'ajouter 5 pour 100 au nombre trouvé :

$$\left.\begin{array}{r} \dfrac{162 \times 16}{24{,}03} = 54 \\ \text{5 pour \%} \ldots\ldots \quad 0{,}027 \end{array}\right\} \text{57 broches.}$$

En multipliant par 1,05, on arrive au même résultat.

$$54 \times 1{,}05 = 56{,}7.$$

CHAPITRE XV.

Banc-à-broches à mouvement différentiel.

Lorsqu'on a retiré les rubans du dernier étirage, on porte les pots derrière le banc-à-broches. Pour la première partie du travail, ce métier ressemble complètement à ceux que nous venons de décrire, car on lui livre de la même manière plusieurs rubans qui doivent être étirés ensemble. Toutefois, la principale différence qui existe, c'est qu'au lieu de réunir en une seule toutes les préparations, il en forme autant qu'il y a de rangées de peignes, rangées qui sont toujours au moins au nombre de quatre pour le même encadrement. Engagé entre les cylindres fournisseurs du métier, chacun des rubans est porté par les gils jusqu'à l'appareil étireur et descend sur une broche; là, il est légèrement tordu et est enroulé sur un bobineau.

Ainsi, le banc-à-broches a trois fonctions à remplir, dont deux nouvelles; il continue l'*étirage* qu'ont déjà donné à la mèche les quatre premières machines, mais il ne fait que commencer la torsion et l'envidage. Le but de l'*envidage* est de placer le ruban de telle sorte que les renvidages des métiers à filer s'opèrent avec une plus grande facilité, ou bien en faisant occuper une moindre place à la préparation en l'enroulant autour d'une bobine, ou bien en permettant de placer le tout au-dessus du cylindre fournisseur dans une position d'où il puisse se dérouler sans aucun inconvénient. Quant à la torsion, elle sert à la fois à empêcher le ruban de s'enchevêtrer sur les bobines, en même temps qu'à soutenir la préparation dans le trajet qu'elle aura à supporter.

La *broche*, qui donne la torsion, se compose d'un axe en fer, surmonté à l'extrémité supérieure de deux branches recourbées qui en sont les *ailettes*. L'une des ailettes est creuse pour livrer passage au fil, l'autre est pleine pour équilibrer celle qui lui correspond. La préparation, passant dans un anneau creusé au sommet de la broche, continue par l'ailette, passe par l'angle qu'on a ménagé à l'extrémité de cette dernière et est guidée autour de la bobine par un petit crochet appelé *queue de cochon*. L'axe de la broche, soutenu par une traverse, tourne dans un collet. Comme les broches sont en assez grand nombre (70 broches environ en moyenne), qu'elles ont une assez grande largeur (8 pouces de course), et que leur mouvement de rotation est fort rapide, il est nécessaire, malgré leur peu de poids individuel, de dônner à leur pivot une forme cônique, qui est celle avec laquelle on obtient le moindre frottement. Ordinairement, elles sont réduites de diamètre à leur extrémité, et leur pointe tourne dans un petit gobelet en bronze, tourné à sa partie supérieure pour recevoir l'huile, et ajusté dans une traverse en fonte qui fait partie du bâtis.

La *bobine* est placée sur l'axe de la broche. Elle se compose d'un tuyau cylindrique (*fût* ou *fusée*) et d'un rebord placé à chaque extrémité qui en détermine la hauteur. Ces bobines ont trois mouvements, car en même temps qu'elles tournent indépendamment du mouvement des broches, elles peuvent aussi monter et descendre sur toute la longueur de l'axe qui les soutient. Leurs dimensions varient souvent avec les numéros des fils à produire, et il y en a toujours deux rangées distinctes, non situées dans le même plan.

Quelques explications sur le mouvement général des engrenages nous indiqueront facilement la marche des principales pièces du métier.

Détails de mécanisme. — Dans le banc-à-broches dont

nous parlons, les courroies et les cordes qui étaient autrefois les organes de rotation des broches et des bobines, sont remplacées par des engrenages coniques *(esquives)*, et on obtient ainsi plus de régularité en même temps qu'une plus grande rectitude dans le mouvement. Ces engrenages, qui se répètent à chaque broche comme à toutes les bobines, sont tout-à-fait indépendants les uns des autres, et par conséquent les mouvements qu'ils produisent le sont aussi. Toutefois, certains obstacles dont nous parlerons plus loin quand nous étudierons le principe de cette marche, empêchent qu'il y ait un rapport direct entre les mouvements, et font en sorte qu'il s'y produise au contraire une différence marquée. Il s'ensuit que l'agent moteur qui reçoit son mouvement de l'arbre central doit agir, non pas sur la vitesse de la broche ou de la bobine, mais sur la différence de cette vitesse réglée par un organe distinct.

L'ageut moteur est un *cône* dont nous étudierons plus loin le rôle spécial et l'organe directeur des différences de vitesse est une roue qu'à cause de son objet on nomme *différentielle*. (Ch. XVI.)

Si nous partons de la poulie de commande, nous trouvons sur l'arbre moteur deux roues droites et parallèles qui précèdent la roue différentielle. La seconde de ces roues fait mouvoir, au moyen de deux intermédiaires, un pignon fixé sur l'arbre de commande des broches : eet arbre est un de ceux qui portent en face de chaque appareil les esquives dont nous avons parlé. Quant à la première roue, elle commande d'un côté et par un seul intermédiaire le pignon fixé sur l'arbre de commande des bobines, lequel ressemble comme disposition à l'arbre de commande des broches, fixé au-dessous. D'un autre côté, cette roue en commande une autre qui sur sa douille en porte une de même diamètre : par intermédiaire, cette troisième roue commande le pignon de l'étireur, lequel, au moyen de deux intermédiaires, fait mouvoir l'arbre de commande des vis. Ici, nous retrouvons, en nous reportant suivant l'axe de cet arbre et de l'autre côté du métier, toutes les dispositions des métiers que nous avons examinés jusqu'ici. A l'extrémité est un premier pignon commandeur d'un second, qui en porte un sur sa douille commandeur d'un troisième, et ce troisième en supporte un quatrième, moteur des fournisseurs. En suivant l'axe de ces cylindres, toujours au nombre de trois comme dans les bancs d'étirage, nous retrouvons engrenant l'un avec l'autre les trois pignons qui les mettent en marche.

Il est facile de concevoir pourquoi la broche et la bobine doivent varier ensemble de vitesse. « On sait déjà, dit Coquelin, que l'envidage résulte de la circulation de l'ailette de la broche autour de la bobine. La préparation, qui passe par l'extrémité de cette ailette, est enroulée sur le fût de la bobine en spirale depuis le haut jusqu'en bas et par couches successives. Mais quoique l'ailette doive tourner autour de la bobine, il ne faut pas que cette dernière soit immobile; car, dans ce cas, le développement de la spirale tracée sur le fût surpasserait de beaucoup la longueur de ruban délivrée par l'étireur; c'est-à-dire, en d'autres termes, que l'envidage marcherait plus vite que la production. Il faut donc que la bobine tourne en même temps que l'ailette, mais un peu plus lentement; et la différence de ces mouvements doit être égale au nombre de tours nécessaire pour l'envidage. Supposons que le cylindre étireur débite en une minute 15,000 millimètres et que la circonférence du fût de la bobine soit de 80 millimètres; comme la division de 15,000 par 80 donne environ 187, il suffira qu'en une minute l'ailette ait fait 187 fois le tour de la bobine, pour que l'envidage soit entièrement effectué. Mais la broche tourne en réalité avec une vitesse beaucoup plus grande; par exemple, à raison de 400 révolutions par minute : il faut donc que le mouvement de la bobine compense la différence de 400 à 187, c'est-à-dire qu'il soit dans ce cas de 213 révolutions. Eh bien, c'est dans la manière dont ce mouvement de la bobine est obtenu que le banc-à-broches actuel diffère essentiellement des précédents (1).

(1) Machines à vis, à système circulaire, etc.

Sur les autres bancs-à-broches, c'est la préparation même qui, entraînée dans le mouvement circulaire de l'ailette, entraîne à son tour la bobine. — Pour que cette dernière ne soit pas lancée avec une vitesse trop grande, on la maintient dans ce cas au moyen d'une corde tendue par un plomb qui en enveloppe en partie la base. C'est un système fort empirique, car le frottement de la corde à plomb n'est jamais très régulier; pour peu qu'il cesse de se faire sentir, la bobine s'échappe; la préparation devient lâche, ne s'envide pas assez vite et va s'accrocher, soit à la broche, soit à quelque autre partie du métier. Si, au contraire, le frottement de la corde se fait trop sentir, et il est difficile que cela n'arrive pas quelquefois, la préparation trop fortement tendue est étirée là où elle ne doit pas l'être et peut même se casser entièrement. On conçoit, d'ailleurs, et l'expérience ne laisse aucun doute à cet égard, que, dans ce système, une certaine tension de la préparation est une condition nécessaire de la régularité du travail : or, cela seul est un inconvénient grave, au moins pour certaines matières. Dans la préparation du long brin, on s'en aperçoit peu; car des filaments longs, pour peu qu'ils soient tordus ensemble, supportent assez facilement cette tension; mais il n'en est pas de même pour les étoupes et surtout pour les étoupes courtes. Aussi les préparations d'étoupes courtes se font-elles toujours très-mal sur les bancs-à-broches ordinaires. On n'évite guère un inconvénient que pour tomber dans un autre. Ou bien on tend peu la préparation et alors elle est sujette à s'accrocher, sans compter que les bobines deviennent molles et sont toujours mal faites; ou bien on la tend plus fortement, et alors elle s'étire ou se casse; que si l'on veut éviter cet inconvénient en la tordant davantage, on nuit au travail ultérieur des métiers à filer. Tout ceci, à vrai dire, est beaucoup plus applicable encore à la filature de coton, où on opère sur des brins dont la longueur excède rarement 28 ou 30 millimètres; aussi est-ce dans la filature du coton que les bancs-à-broches à mouvement différentiel ont été d'abord et plus généralement appliqués : il est incontestable pourtant qu'on peut faire sur la filature des étoupes, et surtout des étoupes courtes, les mêmes observations.

C'est donc pour éviter tous ces inconvénients qu'on a imaginé de donner aux bobines un mouvement qui leur fût propre. Nous verrons tout-à-l'heure comment ce mouvement est obtenu, supposons-le maintenant établi. On conçoit d'abord qu'on obtient par là une régularité plus grande : en outre, comme ce n'est plus la préparation qui entraîne la bobine, on peut la tendre beaucoup moins et seulement au degré nécessaire pour qu'elle se couche régulièrement sur le fût, sans compter qu'elle n'a plus à subir l'effet de ces soubresauts de la bobine que dans le système ordinaire il est à peu près impossible d'éviter. » Nous donnerons dans un chapitre spécial quelques détails rapides sur les organes mécaniques du mouvement différentiel.

Torsion. — La torsion dépend en même temps de la vitesse de l'étireur que de celle des broches, il est donc nécessaire de connaître ces deux données.

Pour connaître la vitesse du cylindre, on fait d'abord le produit des dents du pignon de torsion fixé sur l'arbre moteur par la vitesse propre de cet arbre, et on divise par le nombre des dents de la roue fixée sur l'axe de l'étireur. Or, si la vitesse de l'arbre moteur est de 147 tours et que le pignon de torsion qui y est fixé a 49 dents, nous aurons d'abord :

$$147 \times 49 = 7203.$$

Si nous donnons 60 dents à la roue du cylindre étireur, nous trouverons pour vitesse de ce cylindre :

$$7203 : 60 = 120 \text{ tours.}$$

Pour trouver la vitesse des broches, il faut en partant de l'arbre de commande, arriver au pignon cônique qui fait mouvoir l'ailette, et on obtient la vitesse désirée par le quotient des commandeurs par les commandés, sur tout ce parcours.

Pour donner une application pratique, supposons que l'arbre moteur marche avec une vitesse de cent tours par minute, nous donnerons à la roue qu'il porte sur son axe (voir plus haut) 52 dents et au pignon droit de l'arbre de commande des broches 20 dents. Les deux pignons côniques auront, celui de l'arbre 36 dents, et celui de la broche 20 dents. La vitesse des broches sera donnée par la formule :

$$\frac{100 \times 52 \times 36}{20 \times 20} = 468 \text{ tours.}$$

Si nous donnons à l'étireur une vitesse de 120 tours par minute, par exemple, la circonférence de ce cylindre étant de 0,18 centimètres, nous aurons pour rendement du cylindre :

$$120 \times 0{,}18 = 215^{d}{,}40.$$

Nous ferons alors le raisonnement suivant :

Si pour 468 tours des broches par minute, l'étireur développe $215^{d},40$ dans le même temps ; pour une longueur de 1 décimètre, il y aura 468 fois moins de tours, autrement dit :

$$468 : 215{,}4 = 2{,}12 \text{ par décimètre.}$$

Il y a d'autres méthodes de calcul pour la torsion, mais je crois celle-ci la plus juste. On peut encore se servir des méthodes suivantes :

1° Faire le produit des commandeurs pour servir de dévidende, et diviser par le produits des commandés, multipliés par la circonférence du cylindre étireur ;

2° Multiplier la vitesse de l'étireur par la circonférence en décimètres de ce cylindre, et diviser le tout par la vitesse des broches.

Il est évident que ce n'est que par une pratique prolongée que l'on parvient à donner à chaque numéro de fil la torsion qui lui est nécessaire. Tous les tableaux qu'on pourrait faire ne seraient qu'approximatifs. Dans la filature au sec, cette torsion est ordinairement assez faible, par ce qu'une mèche trop tordue ne pourrait s'étirer avec facilité, mais elle doit être relativement plus forte pour la filature au mouillé, de manière à pouvoir traverser sans rupture, le bac à eau chaude du métier à filer.

Remarquons que la torsion est donnée, soit par pouce, soit par décimètre, mais qu'on peut facilement trouver l'une lorsqu'on a obtenu l'autre. Quand on a obtenu la torsion par pouce, on la multiplie par 3,95 ou 4, pour l'avoir par décimètre, car il y a 3,95 à 4 pouces anglais dans un décimètre ; et quand on veut obtenir par pouce la torsion que l'on a eu en décimètre, on la divise par 3,95 ou on en prend le quart.

Lorsqu'on veut avoir une autre torsion au banc-à-broches, il suffit d'un simple changement de pignon qui peut glisser dans une coulisse concentrique à une roue qu'il engrène. Ce pignon (*pignon de torsion*) qui commande tout le système du mouvement différentiel, est fixé à l'extrémité de l'arbre moteur, commandeur des broches et commande au moyen d'intermédiaires, la roue fixée à l'extrémité du cylindre : il sert dès lors, comme nous l'avons vu, à obtenir sa vitesse par minute. Il suit de là, que ce pignon agit simplement sur l'étireur, en augmentant ou diminuant sa vitesse, et que la vitesse des broches reste la même. En conséquence, la torsion est dite plus ou moins forte, suivant qu'elle se répartit sur une plus ou moins longue étendue de mèche ; elle diminuera quand on augmentera la vitesse du cylindre, et par contre elle augmentera quand on la diminuera.

CHAPITRE XVI.

Mouvement différentiel.

MOUVEMENT DIFFÉRENTIEL DE HOULDSWORTH (1).

MOUVEMENT DIFFÉRENTIEL RÉGULATEUR DE FAIRBAIRN.

Le mouvement différentiel, inventé par Houldsworth, perfectionné dans la suite par Koechlin, Windsor et Fairbairn, est aujourd'hui généralement appliqué aux bancs-à-broches de la filature de lin. Il a remplacé avantageusement les machines dites Dragg, à système circulaire, qui de nos jours, sont abandonnées presque partout.

C'est par l'organisation de ce mouvement qu'on règle l'envidage du fil autour de la bobine. On donne d'abord un mouvement à la broche, qui, dans ses révolutions successives dépose le fil par couches autours de la fusée cylindrique, et on fait de même mouvoir la bobine d'un mouvement circulaire continu. Nous avons vu que ces deux rotations, quoique calculées l'une sur l'autre, étaient tout à fait indépendantes, et que la rotation des bobines était surtout indispensable pour un envidage parfait. « Mais dès l'instant qu'on donne aux bobines leur mouvement propre, on est

(1) Houldsworth est positivement le premier qui ait eu l'idée de ce mouvement, et l'on peut le regarder comme l'inventeur du banc-à-broches à cône et courroie. Le banc-à-broches Windsor n'est plus usité, la courroie y était remplacée par un galet de friction qui, en pressant sur la surface supérieure du cône, donnait le même résultat. Mais le banc-à-broches de Fairbairn, dans lequel un galet se déplace successivement sur la surface de deux disques tournants est aussi employé que le premier.

entraîné à de nouvelles complications, parce que ce mouvement est nécessairement variable. En effet, à mesure que la préparation est envidée, la circonférence du fût augmente, il faut donc alors un nombre moindre de tours de l'ailette sur la bobine pour envider une même longueur de ruban ; et comme la vitesse des broches aussi bien que la longueur de ruban produite par minute, sont des quantités constantes, c'est la vitesse des bobines qui doit changer pendant le cours du travail (2). » Rendons cette vérité sensible par des chiffres.

Nous avons admis (chap. XV) comme vitesse des broches, 400 révolutions par minute, et pour longueur de ruban produite dans le même temps 15 mètres ; ce sont là des quantités constantes.

Nous avons admis également, comme circonférence du fût de la bobine 80 millimètres, et dans cette hypothèse nous avons trouvé que l'excédant de la vitesse des broches sur celle des bobines, devrait être de 187 révolutions par minute. Mais la circonférence du fût augmente à mesure que les couches de préparations s'y déposent et de là résulte un changement dans le rapport. Supposons qu'après le dépot de plusieurs couches la circonférence du fût soit de 160 millimètres ; c'est-à-dire double de ce qu'elle était d'abord : dès lors, l'excédant de la vitesse des broches sur celle des bobines devra être diminué de moitié, au lieu de 187 tours il ne devra plus être que de 93,5. Or, la vitesse des broches étant demeurée la même, c'est celle des bobines qui aura dû augmenter, de manière à rétablir le rapport. Cette vitesse était précédemment de :

$$400 - 187 = 213.$$

Elle devra être maintenant de :

$$400 - 93{,}5 = 306{,}5.$$

Or, dans ce système, non-seulement le mouvement des bobines

(2) Coquelin.

doit être réglé en conséquence des rapports actuels, mais encore il doit changer avec le progrès de l'envidage ; de telle sorte que l'excédant de la vitesse des broches sur celle des bobines augmente en raison de l'augmentation du diamètre ou de la circonférence des fûts. En d'autres termes, la différence de la vitesse des broches à celle des bobines, doit être en raison inverse du diamètre du fût.

Il y a à ce sujet plusieurs remarques importantes à faire.

On voit d'abord que pour régler les mouvements dans les différentes phases du travail, il ne faut pas faire porter le calcul sur la vitesse absolue des bobines, mais sur la *différence* de cette vitesse avec celle des broches. C'est en effet cette différence seule qu'i faut considérer, puisque c'est elle qui *doit être en rapport inverse avec le diamètre du fût*. Quant à la vitesse absolue, elle ne suit aucune proportion. Il suit de là que l'agent mécanique, au moyen duquel on opère les variations de mouvement (et cet agent est ici le cône), ne doit pas avoir une action directe sur la vitesse des bobines, mais sur la différence : autrement il serait impossible d'y établir une progression. Dès lors aussi, il doit y avoir un organe distinct qui produise la différence et c'est sur cet organe que le cône doit agir. Tout cela constitue un problème qui au premier abord, parait insoluble : on verra pourtant que la difficulté a été heureusement vaincue.

En second lieu, quoique la progression à établir doive être régulière, elle ne doit cependant pas être continue. En effet, le diamètre du fut n'augmente pas sans cesse, mais seulement lorsqu'une couche de préparation est entièrement formée et qu'une nouvelle couche commence ; c'est à dire lorsque le chariot est arrivé à l'extrémité de sa course, dans le haut ou dans le bas. Pendant toute la durée de l'ascension ou de la descente du chariot, le diamètre du fût est le même, et par conséquent le mouvement ne doit pas changer. Il suit de là, qu'au lieu d'une progression continue de mouvement, il faut des changements brusques opérés à chaque renouvellement des couches. De plus, comme ces changements doivent s'effectuer chaque fois que le chariot arrive à l'une des extrémités de sa course, c'est du chariot même qu'ils doivent dépendre. Ainsi dans le cas présent, les variations dans la vitesse étant produites par le déplacement de la courroie, qui agit sur un diamètre plus ou moins grand selon la place qu'elle occupe sur le cône, il faut d'abord que ce déplacement soit produit, non pas d'une manière continue, mais brusquement et à intervalles réguliers ; et en outre qu'il soit produit par l'action même du chariot arrivé à l'extrémité de sa course dans le haut ou dans le bas.

Mais quoique le chariot règle pour ainsi dire la vitesse du cône, il ne doit pas avoir lui-même une vitesse constante. Les couches de préparation sur le fût de la bobine se forment en effet plus lentement, à mesure que le diamètre augmente, puisqu'elles se composent toujours d'un égale nombre d'anneaux et que ces anneaux ont un développement plus grand. Il faut donc que le mouvement du chariot soit ralenti en conséquence. Dès lors, la dépendance du cône et du chariot doit être réciproque. Ce dernier, chaque fois qu'il arrive à l'extrémité de sa course, diminue la vitesse du cône en déplaçant la courroie, et comme il est indirectement commandé par le cône même, il subit l'influence du changement qu'il a produit. » En somme, d'après ce que nous venons de voir, le mouvement différentiel qui présente beaucoup de complications à première vue, devient beaucoup plus simple, quand on remonte à l'origine des effets produits ; il nous reste à expliquer l'enchainement et l'usage des diverses pièces du métier.

Nous avons vu plus haut la disposition des pignons coniques ou *esquives* destinés à faire mouvoir les deux appareils. Les broches qui y sont directement fixées s'y meuvent avec facilité, mais les pignons des bobines sont surmontés chacun d'un plateau circulaire fixé sur le collet de la broche qui lui sert d'axe, et dont la surface se trouve de niveau avec celle du chariot, un petit piton ou *argot* se trouve en saillie sur chacun des plateaux et vient se fixer dans un des trous percés à la base de la bobine : l'un et l'autre étant adhérents, ils n'ont de la sorte qu'un seul et même mouvement de rotation. Le mouvement de ces esquives est dû à une roue fixée sur un tube ou *boîte* qui enveloppe une partie de l'arbre moteur et qui ne reçoit aucune impulsion directe de ce dernier. Cette roue qui, communique d'une manière indirecte, avec les esquives des bobines ressemble totalement à la commande des broches, dont nous avons plus haut donné la description. Comme c'est elle qui donne le mouvement aux bobines, nous devons conclure que c'est par son intermédiaire que sera réglée la différence de vitesse des deux appareils, et cela grâce au systême qui lui servira de commande, or, voici comme ce système est ordonné.

Sur le tube qui sert d'axe à la roue dont nous parlons, et parallèlement à elle, est une des roues coniques de l'organe différentiel (1re roue de l'organe), qui engrène par intermédiaire conique (2e roue de l'organe) avec une roue conique (3e roue) parallèle à la première, mais située sur l'arbre moteur. De telle sorte que cette roue recevant son implusion de cet arbre, la communique par intermédiaire à la première roue conique fixée sur le tube, et par suite à la roue de commande des bobines qui lui est parallèle. En conséquence, lorsqu'on met le banc à broches en mouvement, l'impulsion première communiquée aux bobines en même temps qu'elle l'est aux broches, n'est pas différente pour l'un ou l'autre de ces appareils, mais nous allons voir que c'est la roue, dite *différentielle*, entourant les pignons coniques, qui vient réglementer ces mouvements, dont le jeu est facilité par la position qu'occupent ces pignons, l'un sur le tube, l'autre sur l'arbre moteur.

D'après ce que nous venons de dire, nous connaissons à peu près la structure de l'organe différentiel. En résumé, cinq roues principales donnent le mouvement. L'arbre moteur porte sur son axe un pignon conique maintenu par deux vis et placé en regard d'un second pignon fixé à l'une des extrémités d'un tube ou boîte qui entoure l'arbre moteur. Dans une position perpendiculaire sont placés deux autres pignons parallèles et coniques, qui engrènent à l'intérieur d'une roue droite qui les couronne. La projection des quatre pignons forme presque un carré coupé par la roue. La roue droite est mise en mouvement par le cône et le cône par l'arbre moteur.

Voici comment M. Delmotte, résume les effets produits par cet organe: « Cette roue couronne deux pignons coniques placés verticalement dans son intérieur. Ces pignons ont deux mouvements différents, dont l'un de rotation sur eux-mêmes, communiqué par un troisième pignon conique dans les dents duquel ils engrènent ; l'autre de translation autour de ce pignon communiqué par la roue différentielle. Ces deux mouvements combinés ont pour but de retarder la vitesse des pignons fixés dans l'intérieur de la roue d'un tour à chaque cercle qu'ils décrivent autour du pignon qui les commande.

En effet, la roue différentielle tourne d'un mouvement en dehors et entraîne dans sa rotation les pignons qu'elle porte, et leur fait faire un mouvement de translation autour du troisième pignon qui les commande. Ce pignon tend toujours à donner à ceux qu'il commande une vitesse égale à la sienne, qui est elle-même égale à celle de l'arbre moteur, sur lequel il est maintenu par deux vis ; mais comme il tourne d'un mouvement en dehors en communiquant un mouvement en dedans aux pignons qu'il commande, pendant que ceux-ci en font un de translation autour de lui ; il résulte de ces différents mouvements que les dents du pignon commandeur courent après ceux des commandés et qu'à chaque cercle que ceux-ci décrivent autour de lui, il se produit un tour de retard sur la vitesse de l'arbre moteur.

Les pignons fixés dans l'intérieur de la roue différentielle deviennent à leur tour commandeurs d'un quatrième pignon conique fixé à l'une des extrémités de la boîte qui tourne sur l'arbre moteur qui lui sert d'axe et commande une série de *plateaux* circulaires qui entraînent la bobine dans leur rotation. Ce pignon tourne d'un mouvement en dedans, avec ceux qui le commandent et qui tendent à lui donner une vitesse égale à celle qu'ils reçoivent du pignon fixé sur l'arbre moteur, mais comme le mouvement de translation se produit en dehors par la roue différentielle, il résulte que les dents des commandeurs, reculent dans un sens contraire à la rotation du commandé, et qu'à chaque cercle qu'ils décrivent autour de lui, il se produit un second tour de retard.

Ce qui démontre *qu'à chaque tour de la roue différentielle, la boîte reçoit deux tours de retard sur la vitesse de l'arbre moteur*, il s'ensuit que plus la vitesse de translation est grande, plus elle retarde la boîte et par conséquent plus la vitesse de rotation des plateaux est petite, et à mesure que la vitesse de translation diminue, celle des plateaux augmente.

On peut donc résumer que les pignons fixés dans l'intérieur de la roue différentielle exercent deux fonctions consécutives, dont l'une est de transmettre le mouvement aux plateaux circulaires par la vitesse de rotation qu'ils reçoivent de l'arbre moteur, et l'autre, d'opposer un frein à cette vitesse par le mouvement de translation que la roue différentielle fait produire. » En somme, c'est la roue droite qui couronne les deux pignons coniques qui vient établir une *différence* entre le mouvement des broches et celui des bobines, qui sans cela serait exactement le même ; de là lui vient son nom de roue *différentielle*. On peut, en agissant plus ou moins fortement sur cette roue, soit augmenter, soit diminuer, la différence. En outre, comme nous avons dit plus haut que cette même différence devait être en raison inverse du diamètre du fût, nous devons conclure que *la vitesse de la roue différentielle doit être en raison inverse du diamètre des bobines*. Comme cette roue est réglementée par le cône, ceci nous amène à montrer comment cet effet se produit.

Le métier a deux *cônes* qui ont leur sommet en dedans, tourné à l'opposé l'un de l'autre, et dont l'un est commandeur, tandis que l'autre est commandé. Une courroie les enveloppe tous deux, et comme elle se déplace successivement sur toute leur surface, on la voit occuper au commencement le plus petit diamètre pour arriver au plus grand à la fin de l'opération. Le premier de ces cônes a seul une vitesse constante, mais il n'en est pas de même pour le second ; car, comme la courroie agit d'un côté sur un grand diamètre et de l'autre sur une circonférence plus petite, la vitesse du second cône est affaiblie. Le cône commandé porte à son extrémité un pignon qui engrène avec une première roue droite dont l'axe porte à son extrémité le pignon de la roue différentielle. Entre ce dernier pignon et la roue droite, s'en trouve un plus petit, commandeur d'une seconde roue, laquelle porte sur sa douille une roue parallèle en commandant une troisième qui se trouve sur l'arbre de commande du chariot. C'est à l'extrémité de cet arbre, qui traverse toute la longueur du métier, que se trouve le pignon commandeur de la lanterne ou *roue à échelle*, ainsi nommée parce qu'elle fait monter et baisser le chariot par l'intermédiaire d'un pignon qui parcourt une échelle.

Ainsi le cône donne, comme nous venons de le voir, le mouvement au chariot, mais c'est aussi lui qui communique aux bobines le surplus de vitesse qui leur est nécessaire pour l'envidage.

Le mouvement du chariot doit être toujours variable, mais au lieu de s'accélérer de plus en plus, comme celui des bobines ; il va au contraire en diminuant à mesure que les vitesses augmentent, puisque le cône diminue de vitesse à mesure que la courroie s'achemine vers la base. « Le mouvement de la roue à échelle (1) se fait toujours en sens opposé à la course qui précède, de sorte qu'à la première course le pignon qui la commande engrène du côté extérieur, et comme il tourne d'un mouvement en dedans, il fait produire à la roue qu'il commande un mouvement en dehors qui fait baisser le chariot.

---

(1) Delmotte, directeur de filature.

Le pignon commandeur de la roue à échelle décrit alors un demi cercle autour de sa dernière dent pour venir la saisir dans son intérieur et lui faire alors produire un mouvement en dedans qui fait monter le chariot. Le mouvement de monte et de baisse continue de se produire de la même manière jusqu'à la dernière course.

Le demi-cercle que le pignon décrit autour de la dernière dent qu'il échappe, fait produire au chariot un temps d'arrêt qui se neutralise par l'effet du *clichet*, qui agit sur la *crémaillère* et qui joue un peu avant que le chariot soit arrivé à l'extrémité de sa course, de manière qu'au moment où le temps d'arrêt se produit, la courroie qui mène le cône vient fonctionner sur le diamètre de la course suivante, ralentit sa vitesse et fait regagner un tour aux plateaux. Donc, s'il est exigé 30 courses de chariot pour former notre bobine, les plateaux regagneront 30 tours que l'on devra déduire de la vitesse exigée à la première course. »

Chaque banc-à-broche a une crémaillère située sur le devant dn métier, et dont le nombre des dents correspond à la grosseur de la mèche en même temps qu'au numéro que l'on veut obtenir. Une crémaillère qui aura un grand nombre de dents conviendra à une mèche fine et à un numéro élevé, ce sera le contraire pour une crémaillère à denture moins nombreuse. Ceci tient à ce que le diamètre de la bobine augmente beaucoup moins à chaque couche pour une mèche fine que pour une préparation plus grosse. Remarquons cependant que le diamètre des mèches n'est sensiblement différent que dans le cas où l'on passe d'un numéro très-bas à un autre beaucoup plus élevé, c'est pourquoi il est d'usage de ne changer de crémaillère que dans un intervalle d'au moins vingt numéros.

Il y aurait cependant inconvénient à négliger d'opérer ce changement. Car dans le cas où la crémaillère n'aurait pas assez de dents pour le numéro que l'on voudrait obtenir, on verrait la mèche s'enrouler irrégulièrement sur le fût et l'on retirerait de la broche une bobine trop molle. Dans le cas où il y aurait des dents de trop, la bobine serait trop serrée. Toutefois, quand on ne dispose pas d'une crémaillère convenable pour correspondre au numéro de la mèche, on tourne la difficulté en changeant le pignon du chariot fixé à la partie inférieure du métier. Les courses de ce chariot deviennent alors plus ou moins rapides, et la mèche en s'espaçant ou en se serrant sur la bobine donne en fin de compte le même résultat.

La crémaillère règle le nombre de courses du chariot. Elle avance toujours d'une dent au fur et à mesure de deux couches successives de mèche, et dans ce mouvement elle entraîne une petite chaîne qui la rattache à la fourche de la courroie du cône. Retenue d'un côté par un poids qui la tire constamment de gauche à droite et de l'autre par cette chaîne, la fourchette glisse toujours sur un nouveau diamètre du cône à mesure que la crémallière avance d'un cran entier. Plus vite la chaîne se déroule, plus vite aussi la courroie parcourt de diamètres, et d'après ce que nous avons dit plus haut, plus la roue différentielle diminue de vitesse.

Mais nous venons de dire qu'il faut deux courses de chariot pour que cet effet se produise et voici comment : Le pignon de crémaillère se règle par le nombre de dents d'une roue à échappement fixée à l'extrémité d'un arbre appelé *rocher*. Deux clichets agissent sur cette roue, l'un au-dessus, l'autre au-dessous, et chacun d'eux joue séparément à chacune des courses du chariot. A la course d'ascension, le clichet supérieur laisse échapper une dent, mais le clichet inférieur en retient une autre; à la course de descente, le clichet inférieur lâche aussi la sienne. De la sorte, il s'échappe un cran de crémaillère pour deux courses de chariot, c'est-à-dire pour deux fois la hauteur qui s'étend entre le pied et la tête d'une bobine; et l'un des deux clichets est toujours au milieu d'une dent, tandis que l'autre clichet est à l'extrémité d'une autre dent. Comme ces deux clichets sont liés ensemble, il leur est facile d'exécuter leurs mouvements simultanément. Ce mouvement est, soit un mouvement de monte et baisse, et alors il est dû au chariot, soit un mouvement d'avance et de recul, et alors il est dû à l'arbre de la lanterne. C'est selon le système employé.

Dans le banc-à-broches à cône, la crémaillère commande une roue qui engrène directement avec elle; cette roue porte sur sa douille un pignon variable, dit *pignon de crémaillère*, commandant une roue variable comme elle, la *roue du rocher*, fixée à l'extrémité opposée du rocher lui-même et dont la fonction est de retenir la crémaillère. On peut changer l'un ou l'autre selon le numéro de mèche.

On rencontre des bancs-à-broches où la chaîne est supprimée, et dans lesquels la crémaillère entraîne une poulie tournant sur un petit arbre à rainures, lequel, par l'intermédiaire de courroies, fait mouvoir le cône ainsi que le chariot. On voit aussi d'autres machines où la crémaillère se trouve derrière le métier; le cône commandeur est remplacé dans ce cas par une roue ou une poulie, et la crémaillère a un tendeur qui la suit dans son recul. Enfin, on rencontre d'autres bancs où la crémaillère est supprimée et remplacée par un index qui donne le même résultat ; quand alors on veut mettre le banc en rapport avec le numéro de mèche, on change la roue du rocher.

On comprend que lorsque la bobine est complètement remplie, la totalité des dents de la crémaillère a été parcourue par la roue; par suite, il est besoin, pour la confection de nouvelles bobines, de remonter cette dernière dans toute sa longueur. A cet effet, dans les bancs-à-broches les plus récemment construits, on a ménagé au dehors du métier une roue-manivelle qu'il suffit de tourner dans un sens pour faire reprendre à la crémaillère une position convenable ; on évite ainsi à l'ouvrière un travail plus long, qu'elle devrait faire à l'intérieur même du métier. De même, lorsque le chariot a effectué un nombre suffisant de fois le mouvement de monte et baisse, la courroie du cône est arrivée à l'extrémité de sa course. Or, il se trouve au dehors une *pédale* sur laquelle il suffit d'appuyer pour soulever le cône et permettre à l'ouvrière de faire remonter plus facilement cette courroie.

Tel est le banc-à-broches à cône et à mouvement différentiel, tel qu'il a été inventé par Houldsworth, de Manchester, et avec les divers perfectionnements qu'il a reçus depuis sa création. Considérant que la courroie glissait quelquefois irrégulièrement sur le cône, et trouvant qu'avec quelques changements ce métier s'appliquerait plutôt à la filature de coton, M. Fairbairn de Leeds a supprimé le cône, et a inventé le banc-à-broches à *mouvement différentiel régulateur*, qui, comme principe, ne diffère pas du précédent, mais auquel de nouveaux mécanismes ont été adaptés, grâce à la suppression du cône. Cette machine est spéciale à la filature de lin.

Le mouvement est produit par *deux disques parallèles* montés sur axes verticaux et mobiles. Le disque inférieur repose sur un pivot et porte un pignon conique à son extrémité supérieure ; il est ordinairement en fer plein. Le disque supérieur est au contraire creux dans son entier, et porte aussi à son sommet un pignon conique parallèle à celui du premier disque. L'un et l'autre de ces pignons engrènent avec une roue d'angle qui porte à l'extrémité de son axe un *pignon droit*, dit *de rechange*, placé sur le côté du métier. Si nous voulons suivre le mécanisme, nous voyons que deux intermédiaires font suite à ce pignon, qui est de la sorte dirigé par le pignon de commande du métier.

Ces disques transmettent le mouvement à un *galet* placé entre eux animé d'un mouvement de rotation variable, et qui tend à se rapprocher de leur centre. L'axe de ce galet porte à une de ses extrémités un pignon commandeur d'une roue assez forte, dont l'arbre porte à chacune de ses extrémités, d'un côté le pignon commandeur de la roue différentielle, de l'autre celui qui transmet au chariot son mouvement. Le premier fait mouvoir la roue différentielle par l'intermédiaire d'un simple pignon. Le second par l'intermédiaire d'un pignon de même grandeur, commande une roue très grande fixée sur un arbre horizontal qui traverse tout le métier et qui porte à son extrémité le petit pignon duquel le chariot reçoit son mouvement.

Le mouvement de déplacement se communique au galet par un levier placé verticalement et qui se rattache à l'aide d'une bielle à l'extrémité de son axe. Un second galet, beaucoup plus petit, est fixé au haut de ce levier, et une came, qui dans ce métier remplace la crémaillère du banc-à-broches à cône, s'y maintient toujours en contact à l'aide d'un contre-poids. Ce dernier, qui la sollicite sans cesse, ne parvient à la faire mouvoir que par le dégagement de deux clichets agissant sur une roue à échappement, nommée roue à rochet ou crémaillère circulaire. Cette roue est située à l'extrémité opposée de l'axe du volant à main qui supporte la came. A la course d'ascension du chariot porte-bobines, elle laisse tourner l'axe de la came de la valeur d'une demi-dent, et d'une seconde demi-dent à la course de descente; de sorte que la came ne tourne de la valeur d'une dent entière que pour deux courses de chariot. On conçoit qu'il faut alors autant de dents à la roue que de mouvements de monte et baisse du chariot, et l'on voit aussi comment le galet, sollicité par la came et suivant le mouvement qu'elle lui imprime, se déplace graduellement sur la surface des disques.

Lorsqu'on change de numéro de mèche, la méthode que nous avons indiquée pour le banc-à-broches à cône ne peut plus être utile; on remplace alors par une autre la roue à échappement, de manière à augmenter ou diminuer l'importance de déplacement du galet mobile. Celle qui servira aux gros numéros aura moins de dents, et par contre, celle qu'on emploiera pour les mèches fines, en aura plus.

CHAPITRE XVII

Bancs-à-bobines.

Ce métier se nommé banc-à-bobines parce que ces dernières y fonctionnent seules et sans le secours des broches. Il est plus en usage en Angleterre qu'en France et y porte le nom de *Sliver-roving*. On l'emploie généralement pour faire des numéros au-dessus de 100, car il ne donne que de mauvais résultats avec des lins médiocres.

Le seul point de ressemblance qu'il ait avec le banc-à-broches, c'est qu'il possède comme lui des gils, qui donnent le parallélisme aux filaments, et un appareil étireur fonctionnaient d'après les mêmes principes ; le reste diffère notablement. Ainsi, après avoir quitté l'étireur, le ruban passe d'abord dans un bac à eau froide, puis vient s'enrouler sur un tube en fonte qui reçoit à son intérieur la vapeur à 4 atmosphères. Là, il se sèche complètement ; les filaments, conservant le parallélisme que leur ont donné les gils, et reliés entre eux par la matière gommo-résineuse du lin, ont tout-à-fait l'aspect d'un ruban. Ce n'est qu'après avoir quitté le tube chauffé à la vapeur que le ruban vient s'enrouler sur des bobines, qui, au lieu d'être placées verticalement comme dans le banc-à-broches, sont placées horizontalement sur un gros cylindre en fer ; ces bobines ont une vitesse de 5 o/o en plus que l'étireur, et un fil de fer animé d'un mouvement de va-et-vient guide le ruban sur leur surface.

Le ruban ainsi obtenu se décompose à l'eau froide, car l'eau chaude lui ferait perdre sa consistance au point qu'il ne pourrait sans se rompre arriver jusqu'aux fournisseurs. Le fil qu'on produit avec ce ruban, n'ayant pas été tiraillé par les broches, est beaucoup plus fin et plus nerveux que tout autre, et on le préfére pour la confection des tissus de toile fine écrue.

Le banc-à-bobines exige beaucoup de petits soins, et c'est là surtout la raison pour laquelle il est peu employé en France. Il a certains avantages marqués qu'on ne peut aucunement contester. D'abord le fil produit est plus fin ; comme machine même, il est très-perfectionné, car on peut enlever les bobines pleines et les remplacer par des bobines vides, sans être obligé d'arrêter la marche du métier, et on peut aussi, si un ruban vient à se rompre derrière la machine, le rattacher sans inconvénient pour la préparation.

CHAPITRE XVIII

Métier à filer au sec.

MÉTIERS A FILER.

Il y a plusieurs sortes de métiers à filer, qui peuvent se diviser en deux grandes classes : les métiers à filer au sec et ceux pour lesquels on emploie l'eau chaude. On pourrait faire une troisième classe des métiers à eau froide qui sont peu employés, mais il nous semble que les éléments qui les constituent ne suffisent pas pour en faire un système ; tous les métiers à filer au sec peuvent en effet très-facilement être transformés en métiers à eau froide, dont l'unique but est de rabattre les petites barbes dont se couvre le lin lorsqu'il n'est pas mouillé.

SYSTÈME AU SEC.

Ce qui distingue essentiellement le système au sec du système à l'eau chaude, c'est que dans la première méthode les brins de lin sont filés dans toute leur longueur, c'est-à-dire comme ils se trouvent, tandis que dans la seconde ils sont brisés par les cylindres. L'eau chaude favorise ce brisement, en ramollissant la matière gommo-résineuse qui forme une des parties constitutives du lin.

Les métiers à sec ne filent que de gros numéros, depuis le N° 1 jusqu'à 25 et 30 au plus ; tels sont les fils de cordonnier, les fils pour toiles à sac et à voile, pour toiles de tente, pour tapis de pieds, et les fils pour toile cremée carton jusqu'au compte 15 environ (15 fils au quart de pouce).

Les métiers à long brin, les seuls dont nous nous occupons ici, sont souvent *à écartement mobile*, c'est-à-dire qu'ils sont disposés de telle sorte que leurs appareils fournisseurs et étireurs puissent se rapprocher l'un de l'autre par une coulisse latérale. Cet écartement, qui varie suivant la matière employée, le genre et le numéro du fil, ne peut être réglé avec précision que par une assez longue pratique. On peut néanmoins poser en principe qu'il doit toujours être en raison inverse du numéro à produire. Il ne doit pas être trop fort, car il occasionnerait de fréquentes ruptures, mais il doit excéder la longueur des brins, de manière que ceux-ci ne soient jamais engagés à la fois entre les fournisseurs et les étireurs.

Dans ces métiers, où la matière gommeuse n'est pas ramollie par l'eau chaude, les premiers cylindres où passent les mèches doivent être très-peu cannelés et les seconds ne le sont jamais. La pression entre les premiers doit être assez faible ; il arrive que sans cela la résistance des brins est tellement grande, qu'il se forme bientôt un sillon dans lequel la préparation passe toute entière.

Nous allons donner la description de ces machines, et indiquer les différences secondaires qui peuvent les distinguer.

Description du métier au sec. — Nous avons vu que la préparation, au sortir du banc-à-broches, était enroulée sur une grande bobine. Celle-ci se place au-dessus du métier dans une position oblique qui lui permet de se dérouler avec facilité et pivote librement sur une broche qui la traverse. Les bobines sont ordinairement placées sur deux rangs et leur nombre correspond à celui des broches du métier.

Au-dessous du rang que ces bobines occupent se place une tringle en fonte polie destinée à soutenir la préparation jusqu'à son arrivée aux fournisseurs. Ces cylindres, souvent cannelés comme nous l'avons dit, attirent constamment à eux la mèche de lin qui, par le seul effet de la traction, fait tourner la bobine et se dévide à mesure. De petits poids, placés à l'extrémité du levier, exercent sur ces cylindres une légère pression.

Les étireurs viennent ensuite; ils sont toujours d'un assez grand diamètre et en bois dur (buis, noyer, etc.) Comme la construction des machines exige qu'ils soient placés près des broches, il y a entre eux et les fournisseurs un espace assez grand. Cet espace est occupé par une tringle sous laquelle passe la mèche dont la torsion est ainsi maintenue, et par une plaque en fer poli qui guide la préparation vers les cylindres. Celle-ci est dirigée, pour qu'elle ne s'écarte pas dans l'étirage, par des conduits en fer-blanc que l'on rapproche le plus des étireurs. Ces cylindres sont retenus entre eux par une assez forte pression, exercée soit par des ressorts, soit par des leviers à poids : comme ils marchent plus vite que les fournisseurs, ils allongent la mèche dans l'intervalle qui les sépare et la réduisent à l'épaisseur voulue.

Le fil, à peine formé par les appareils étireurs, est enroulé par la broche sur la bobine du métier. Entre les cylindres et la broche se trouve une platine à charnière, munie d'œillets pour livrer passage à la mèche, et qui a un double but : celui de guider le fil pour l'amener dans une position perpendiculaire aux broches, et celui de retenir quelque peu la chenevotte qui peut encore entourer les brins de lin filé au sec.

Les broches, au nombre de 120 à 160, ne sont pas maintenues par la tête sur le métier, et par suite peuvent être arrêtées très-facilement, sans que la machine cesse de fonctionner. Pour la même raison, les varouleuses qui font les levées n'ont qu'à dévisser rapidement l'ailette de dessous l'axe pour enlever les bobines.

Le mouvement de la bobine est ralenti sans cesse par le frottement d'une corde de chanvre qui enveloppe la bague inférieure. La corde est fixée au moyen d'un nœud dans une entaille latérale; et, suivant une rainure pratiquée dans le pied, vient, au moyen d'un plomb qui la tend constamment, se fixer dans un des crans qui couronnent le chariot. C'est la fileuse qui veille à ce que le plomb dont nous parlons soit toujours convenablement tendu; elle s'arrête facilement au degré nécessaire, en tâtant le ruban au moment où il sort des étireurs. Pour donner de la tension au fil, elle avance le plomb vers la gauche, et pour le détendre, elle le recule vers la droite.

Dans tous les cas, elle ne doit jamais l'éloigner de telle sorte que le plomb, placé à quelques millimètres du plateau, ne fasse plus sentir son action sur la corde. Elle le place généralement à deux ou trois centimètres du centre. Lorsque les plombs ne sont pas assez lourds pour maintenir la bobine, il est préférable d'en augmenter le poids. On a parlé de mettre deux plombs au lieu d'un pour maintenir la bobine des deux côtés, mais dans la manière dont le métier est construit, cette innovation serait une faute à cause de la quantité de plombs à changer aux levées : il s'agirait de trouver un système qui permettrait de les lever ensemble.

Quoiqu'il en soit, le fil doit être d'autant plus tendu que la vitesse de l'étireur est plus grande, car alors il se débite plus vite. Il doit aussi être d'autant plus tendu que la torsion est plus forte, car il se produirait dans le fil des nœuds en spirale ou vrilles. Outre cet inconvénient qui arrive aux fils trop peu tendus, ils ont encore celui de se laissés emporter par la force centrifuge et de s'accrocher soit au broches, soit aux autres fils. Le contraire arrive pour un fil trop tendu qui alors se brise rapidement.

Mouvement général. — Nous allons examiner, sous ce titre, la manière dont les cylindres et les broches reçoivent le mouvement et comment fonctionne le plateau porte-bobines.

Sur toute la longueur du métier règne un tambour de fer-blanc dont l'axe repose par ses extrémités sur le bâtis, et qui est entouré d'une série de courroies en coton, enroulées d'autre part sur la noix des broches. C'est ce tambour qui, par son mouvement de rotation plus ou moins rapide, détermine la vitesse des ailettes.

A l'une de ses extrémités, il est muni de deux poulies, l'une fixe qui reçoit son mouvement de la poulie de transmission, et l'autre folle, qui, au moyen d'unefourchette d'embrayage, peut recevoir la courroie de commande lorsqu'on veut arrêter le métier.

On a placé devant les poulies motrices, et sur l'axe même du tambour, un pignon fixe qui transmet le mouvement à tous les engrenages. C'est ce qu'on appelle le pignon de travail.

Le reste des engrenages a reçu diverses modifications, suivant les constructeurs. La plupart des métiers construits en France ont par exemple le pignon de tors fixé en bas et du côté opposé à celui où se trouve le pignon d'étirage ; d'autres, de construction anglaise, portent le pignon de tors en haut et du même côté ; enfin, les métiers les plus perfectionnés construits par Fairbairn, portent du même côté les deux pignons principaux. Il est encore à remarquer que le mouvement du chariot porte-bobines, ne s'opère pas de la même manière dans l'une ou l'autre de ces machines.

Nous donnerons la description d'un métier Fairbairn et d'un métier français.

Dans le premier, le pignon de travail est suivi d'une roue double servant d'intermédiaire pour communiquer le mouvement à la *roue de torsion*.

Le *pignon de tors*, qui se trouve sur la douille de cette dernière, engrène avec la *roue de l'étireur*, qui communique le mouvement à une *tête de cheval* portant le *pignon d'étirage*. C'est ce pignon qui fait marcher la roue du fournisseur.

L'axe de ces cylindres, qui traverse tout le métier, porte du côté opposé un pignon fixe engrènant avec une roue double. Cette dernière porte sur sa douille un pignon engrènant avec une autre roue. C'est celle-ci qui fait mouvoir le *cœur excentrique* qui élève et abaisse tour à tour la chaîne du plateau. Ce système de monte et baisse, très-facile à comprendre lorsqu'on a la machine sous les yeux, peut difficilement être expliqué. Nous nous abstiendrons d'en parler.

La construction des métiers français est toute autre. Elle comporte un grand nombre de modifications qui se rapportent toutes au métier type que nous allons décrire :

Le pignon de travail engrène ici directement avec la roue de torsion qui porte en arrière son pignon variable. Ce dernier engrène par intermédiaire avec la roue de l'étireur munie sur sa doüille et en avant d'nn pignon fixe. A ce pignon font suite deux autres roues, dont la seconde porte à l'extrémité de son axe qui traverse tout le métier, un pignon qui circule autour du T, qui communique le mouvement de monte et baisse.

Ce dernier système est très-ancien. La partie horizontale du T permet au pignon fixe de la parcourir complètement à l'intérieur. Mais l'extrémité de la partie verticale est munie d'un levier dont l'extrémité opposée est rattachée, par une chaine munie d'un galet, à un arbre qui règne sur toute la longueur du métier. Le plateau porte-bobines, de distance en distance, est relié par des chaines à de petits renflements cylindriques placés sur le parcours de cet arbre ; et il résulte de cette combinaison que ce plateau est animé d'un mouvement de monte et baisse en rapport avec la vitesse du T.

De ce côté, l'étireur porte un pignon fixe qui engrène avec le pignon d'étirage, et ce dernier en porte sur sa douille un second commandeur de la roue du fournisseur.

Métier à eau froide. — Cette machine ne diffère des métiers à sec ordinaires, que par la présence d'un auget rempli d'eau froide que l'on place entre les fournisseurs et les étireurs. Cette eau ne décompose aucunement la matière, nous avons dit plus haut que pour cette raison, nous ne faisions pas de cette manière d'agir un système à part. On n'a d'autre but en effet par l'addition de cette eau, que de rabattre les barbes dont le fil est couvert, et de le rendre plus lisse.

Les métiers à eau froide sont peu employés. Généralement les manufacturiers qui les emploient s'arrangent de manière à ne pas faire pénétrer directement le fil dans le baquet. Ils ménagent à cet effet au-dessus de l'eau, une bande de drap qui, lorsqu'elle est à demi-immergée, reste constamment imprégnée d'une certaine quantité d'eau. Le fil frotte alors simplement sur le drap, se lisse d'une manière plus certaine, et le but est rempli.

Métier à barrettes. — Le métier à barrettes de M. De Coster, de Paris, ne peut s'employer que pour le filage des numéros les plus gros. Ordinairement, on l'emploie directement après les étirages, en supprimant le banc-à-broches.

Comme aspect, cette machine ressemble beaucoup au banc-à-broches à vis. Elle diffère des machines à filer ordinaires en ce qu'elle comporte une série de barrettes qui guident le fil entre les appareils fournisseurs et étireurs. De la sorte, la torsion s'exécutant sur une longueur très-forte, se fait avec la régularité indispensable aux bas numéros.

Ce fil est enroulé sur une bobine au fur et à mesure de l'envidage, et chacune des bobines est maintenue par une corde à plomb comme dans les autres métiers. Le chariot est régulièrement soulevé par une série de cœurs excentriques qui le soutiennent, et auxquels on communique un mouvement de rotation continu.

CHAPITRE XVIII.

Métier à filer au mouillé.

C'est à Philippe de Girard que nous devons l'invention du métier à eau chaude, qui, contrairement au métier au sec, permet de filer les numéros les plus élevés. C'est cet inventeur qui, le premier, posa en principe la décomposition par l'eau chaude de la matière gommo-résineuse du lin, ce qui permet aux fibrilles de se détacher en glissant les unes sur les autres sous l'action de l'étirage. Bien que les procédés mécaniques alors adoptés ne soient plus les mêmes que ceux qui sont aujourd'hui employés, toujours est-il qu'ils ont servi de base pour la construction des autres métiers, perfectionnés successivement par Kay, Hall, Lawson, Fairbairn, etc.

On croyait auparavant que la matière textile, imprégnée d'humidité, ne pouvait être que plus ou moins altérée; les faits sont venus rendre cette erreur impossible. Après avoir glissé les unes sur les autres, les fibrilles se soudent de nouveau ensemble et reprennent leur consistance première. Voici d'ailleurs, ce que nous lisons dans le brevet que M. de Girard prit le 23 juillet 1810 : « Les brins de lin ne sont qu'un assemblage de petites fibres collées l'une contre l'autre, se recouvrant mutuellement et dont les plus longues n'ont guère que de 9 à 10 centimètres de longueur, et la plupart beaucoup moins.. La substance qui unit ces fibres peut-être facilement enlevée par divers agents. L'eau pure la ramollit et la dissout avec le temps, surtout si l'air se joint à son action. Les lessives alcalines chaudes, l'enlèvent presque instantanément ; il suffit même de plonger un brin de lin dans une pareille lessive pour le rendre divisible presque à l'infini. Si, après cette opération, on le tire par ses deux extrémités, on le sépare sans effort sensible en deux parties, qui glissent l'une sur l'autre avant de se séparer, et qui se terminent en pointe très-effilée. En saisissant l'extrémité d'une de ces pointes et en tenant le reste du brin à 10 ou 12 centimètres de distance, on retire une fibre extêmement fine, qui quelquefois peut se diviser encore de la même manière que le brin primitif. En continuant ces divisions, on obtient enfin des fibres presque imperceptibles, que l'on ne peut plus diviser qu'en les cassant, et qui opposent une résistance beaucoup plus grande qu'on ne l'avait attendu de leur ténuité. On s'aperçoit alors que l'on est arrivé aux fibres que l'on pourrait appeler *élémentaires*, et qui n'ont que quatre à dix centimètres de longueur.

La facilité avec laquelle les parties d'un même brin glissent les unes sur les autres avant de se séparer, leur extrême ténuité, et par conséquent leur multiplicité, offrent le moyen d'étirer, d'allonger presque indéfiniment un brin sans le casser, et à plus forte raison un assemblage de brins. La forme des fibres élémentaires paraît faciliter le succès de cette opération ; leurs extrémités effilées sont propres à rendre leur jonction invisible, et à être retenues dans le fil, tant par l'effet de l'entrelacement que par celui de la torsion.

Si l'on prend un fil quelconque, pourvu qu'il ait été lessivé, qu'on en détourne un bout de 10 à 12 centimètres, et qu'on essaie de le casser, il n'oppose qu'une très-petite résistance, et si on le mouille en répétant l'expérience, la résistance devient absolument nulle, ce qui prouve que celle que l'on éprouvait d'abord n'était qu'un frottement des fibres entrelacées et tortillées; l'humidité, en les ramollissant, les redresse et fait cesser cette résistance. Telle est la base sur laquelle repose le nouveau procédé.

On obtient par ce mode de filage des produits plus beaux en même temps que plus fins; les lins longs donnent sur ces métiers du N° 6 à 80, les lins coupés donnent jusqu'au N° 300 et au-dessus. Mais il est vrai de dire aussi que des produits, même médiocres, peuvent fournir des numéros beaucoup plus élevés qu'au sec, ainsi, par exemple, on aurait de la peine à obtenir au mouillé le N° 40 avec des lins destinés à la fabrication du N° 25 sec.

Il suit de là que les produits obtenus au sec demandant l'emploi de matières plus solides, ont par conséquent une plus longue durée. Dès lors, le consommateur qui fait usage de toiles de lin sec est toujours certain de les voir moins vite usées que les toiles plus fines fabriquées avec du fil mouillé. Le fabricant de tissus de lin sec y trouve aussi un grand avantage, car en tissant une toile de lin sec avec le même numéro et la même longueur de fil qu'une toile de lin mouillé, il gagne environ 8 % de métrage en sus.

Mais le filage au sec demande plus d'expérience et plus de soins que le mouillé. En outre, chacun des métiers au sec vaut environ 12 fr. de plus à la broche. C'est ce qui fait que la filature au mouillé domine.

Du métier au mouillé. — Description. — Ce qui distingue principalement ces métiers des machines au sec, c'est la présence d'un auget placé au-dessous des bobines et qui règne sur toute la longueur du métier. Cet auget est surmonté de tuyaux alimentaires munis de robinets, et par lesquels on fait arriver, d'abord l'eau d'alimentation, puis ensuite la vapeur nécessaire pour amener le liquide à la température voulue.

Cette température varie suivant la qualité du lin que l'on file et ne se règle convenablement que par la pratique. On peut dire cependant d'une manière générale que la température de 30 degrés environ est celle des lins de Caux et de la plupart des lins de Russie, 60 à 70 degrés celle des lins jaunes de haute qualité, 80 à 90 degrés celle des lins plus forts.

On a soin de couvrir complètement les augets de planches mobiles, pour éviter l'évaporation de l'eau chaude, qui dans les moments de grand froid produit un brouillard factice. La mèche sort alors par une petite ouverture pratiquée à cet effet. En outre, comme le tournoiement rapide des broches ne cesse de faire jaillir l'eau des augets, on ménage exprès une planche inclinée qui conduit alors cette eau dans une rigole : il n'en est pas moins vrai que, malgré ces précautions, et même dans les établissements les mieux dirigés, la salle où se trouvent les métiers est toujours à demi inondée.

Il y a plusieurs méthodes pour forcer la préparation à passer dans les augets. Ainsi, on la fait glisser sous de petites tringles en cuivre attachées dans le fond et qui règnent sur toute la longueur. De cette manière, à mesure que la préparation se dévide sur la bobine par l'effet de la traction qu'elle éprouve, au lieu d'aller directement aux fournisseurs qui l'attirent, elle entre dans le bac à eau chaude, s'y enfonce et le traverse dans toute sa longueur. D'autres fois, ces tringles sont remplacées par le tuyau de vapeur placé à l'un des angles de l'auget, et par une barre de métal située dans l'autre angle.

Les bobines du métier à eau chaude, au lieu d'être dans une position oblique comme dans le métier à sec, sont au contraire tout-à-fait verticales, ce qui nécessite l'emploi de guides en fonte pour amener le fil perpendiculaire dans les augets. Il y a deux rangées de bobines verticales placées l'une au-dessus de l'autre; les bobines inférieures reposent sur une planche qui couvre une partie des bacs, les bobines supérieures sont maintenues par des planchettes placées au-dessus des brochettes du second rang.

Les fournisseurs sont toujours en cuivre et cannelés, les étireurs sont en cuivre ou en gutta-percha. La cannelure varie de 18 à 40 par pouce, selon le numéro à filer, et s'altère rapidement, c'est ce qui oblige la plupart des filatures au mouillé à avoir une machine à canneler. Nous verrons plus loin que les diamètres changent aussi avec le numéro, et comme les broches diminuent de grandeur à mesure que le fil est plus fin.

Le reste du métier ressemble complètement à un métier à sec.

On divise les métiers au mouillé en quatre catégories.

La première file depuis les numéros les plus bas jusqu'à 20 ; elle a pour diamètre de l'étireur 0,70 à 0,75 millimètres, pour cannelure de ce cylindre 18 dents par pouce, pour écartement des broches 3 pouces à 3 pouces 1/2, comme hauteur du fût des bobines 3 1/2 à 4 pouces.

Pour la deuxième, le diamètre de l'étireur est de 0,060 millimètres. Cannelures, 24 au pouce. Écartement des broches 2 pouces 1/2 à 2 pouces 3/4. Hauteur des bobines 2 pouces 1/2 à 3 pouces.

La troisième a comme diamètre de l'étireur 0,050 millimètres. Cannelures, 28 au pouce. Écartement des broches, 2 pouces 1/4. Hauteur des bobines, 2 à 2 pouces 1/2.

La quatrième a pour diamètre de l'étireur 0,030 à 0,050 millimètres. Cannelures, 32 au pouce, quelquefois 40. Écartement des broches, 2 pouces. Hauteur des bobines, 1 1/2 à 2 pouces.

On file dans la deuxième catégorie du N° 20 au N° 40 ; dans la troisième, de 40 à 80 ; dans la quatrième, de 80 à 300 et au-dessus.

Ces données peuvent, il est vrai, varier quelquefois, mais sont généralement assez bien suivies des constructeurs.

Remarques. — Les cylindres fournisseurs et étireurs sont beaucoup plus rapprochés que dans le métier au sec, et leur écartement est beaucoup plus facile à régler. Ceci tient à ce qu'on ne doit plus ici tenir compte de la longueur réelle du lin, dont les fibrilles, décomposées par l'eau, reviennent à une étendue égale à cet écartement.

Ce n'est pas à dire cependant que les cylindres doivent rester constamment à la même distance, il faut avoir égard à la matière que l'on emploie. D'une manière générale, on peut dire que les lins qui sont durs et fort chargés de matière gommeuse, demandent de plus grands écartements que les lins tendres et fins. C'est là le résultat qu'a donné l'expérience sans qu'on ait bien pu se rendre compte de la raison de principe.

Néanmoins, dans la plupart des manufactures, on conserve toujours une même distance entre les cylindres, parce que souvent les mêmes lins se filent toujours sur les mêmes métiers.

Certains veulent simplement faire varier la pression au lieu de l'écartement, et dans ce cas l'augmentent outre mesure. C'est là une grave erreur. D'abord, il arrive qu'au bout d'un certain temps les étireurs cèdent à la pression continuelle qu'exerce la matière sur le cuivre, et que la mèche passe entièrement dans le sillon qui s'est creusé. Mais, même en supposant que le métal soit assez dur pour écarter l'inconvénient du sillage, il arrive que les cannelures des cylindres s'impriment avec une telle force sur les fils, que la torsion la plus forte ne peut les effacer, de manière que sur un grand nombre de points ils restent aplatis et comme broyés.

Comme on le voit, le règlement de la torsion, la direction des écartements sont des points importants et sur lesquels doit s'arrêter l'attention du directeur de filature mouillée.

Il nous reste à dire quelles sont les remarques qui font reconnaître du premier coup le vice des écartements. Ainsi, lorsque les cylindres sont trop peu éloignés, le fil se brise rapidement ; ou bien encore le fil au lieu de passer lentement entre les fournisseurs, qui le conduisent aux étireurs, glisse rapidement entre les premiers rouleaux et y forme des espèces de bouillons produits par la traction des brins. Souvent cet inconvénient vient de ce que l'eau n'a pas été suffisamment chauffée, il faut alors élever la température des augets. Mais, si les bouillons continuent à se produire, il n'y a d'autre remède que d'augmenter les écartements.

Étirage. — L'étirage se calcule de la même manière que pour les machines de préparation. On divise le produit des commandés et du diamètre de l'étireur, par le produit des commandeurs et du diamètre du fournisseur.

Adoptons par exemple les nombres suivants :

Diamètre de l'étireur : 3 pouces, pignon de l'étireur 20 dents, tête de cheval 60 dents pignon d'étirage 12 dents, roue du fournisseur 60 dents, diamètre du fournisseur, 1 pouce 1/2. Nous aurons comme résultat :

Diamètre de l'étireur.

$$\frac{\text{Commandés} \quad 60 \times 60 \times 3}{\text{Commandeurs} \quad 20 \times 12 \times 1\ 1/2} = 4{,}08$$

Diamètre du fournisseur.

Autre exemple :

Un métier à grands écartements fonctionne avec un étireur de 3 pouces 1/2 de diamètre, une fournisseur de 1 pouce 1/2, ayant une roue de 36 dents, commandant un double pignon de tête de cheval de 18 dents, une roue de 54 dents, un pignon de rechange de 18 ; quel sera l'étirage ?

$$\frac{36 \times 54 \times 3\ 1/2}{18 \times 18 \times 2\ 1/2} = 8{,}28 \text{ d'étirage}$$

On peut trouver le pignon de rechange pour un autre numéro, par deux méthodes diverses :

1er Principe : *Le numéro à trouver est au numéro donné comme le pignon actuel est au pignon cherché.*

Le numéro 30 exigeant un pignon de 25 dents, quel pignon exigera le numéro 25?

$$25 : 30 :: 25 : x$$

$$x = \frac{25 \times 30}{25} = 30 \text{ dents.}$$

2e Principe : *Le poids actuel du paquet est au pignon donné, comme le poids du paquet à produire est au pignon cherché.*

Si le numéro 25, qui exige un pignon de 30 dents, donne un poids de 22 kilogs au paquet, quel pignon exigera le numéro 30 qui doit donner un poids de 18 kilogs ?

$$22 : 30 :: 18 : x$$

$$x = \frac{30 \times 18}{22} = 24^{d}5/10.$$

Cette dernière méthode est la plus juste.

Torsion. — La torsion est le nombre de tours que l'on doit donner au fil, elle se calcule par pouce anglais ou par décimètre.

On tord davantage au métier au sec qu'au métier à eau chaude, l'humidité des filaments complétant en ceux-ci au manque de tors. La torsion est encore en rapport avec la finesse du fil.

Pour calculer la torsion, on agit de la même manière que pour le calcul de l'étirage, mais sans opérer sur les mêmes pignons et en tenant compte des diamètres de la noix, des broches et du tambour du métier.

Exemple. — Quelle est la torsion par décimètre d'un fil produit sur métier dont le diamètre du tambour est de 0,20, avec un pignon de travail de 24 dents, commandant une roue de torsion qui en a 120 et qui porte sur sa douille le pignon de torsion de 60 dents. Ce pignon commande par intermédiaire la roue de l'étireur de 120 dents, le diamètre de ce cylindre étant supposé de 1 décimètre 90 et le diamètre de la noix de broche de 0,050 millimètres.

La formule suivante servira de base pour le calcul :

$$\frac{\text{Roue de l'étir.}}{\text{Pig. de tors.}} \times \frac{\text{Roue de tors.}}{\text{Pig. de trav.}} \times \frac{\text{Diam. du tamb.}}{\text{Diam. de la noix.}} \times \frac{\text{100 mill.}}{\text{Circonf. étir.}}$$

Ce qui donne pour l'exemple cité :

$$\frac{120 \times 120 \times 0{,}20 \times 100}{24 \times 60 \times 0{,}030 \times 1{,}90} = 35{,}08.$$

La torsion du fil est donc de 35 tours 08 dixièmes par décimètre.

Cette torsion varie suivant la demande de l'acheteur.

Lorsqu'on veut connaître celle qui est nécessaire pour chaque genre de fil, on multiplie la racine carrée du numéro à obtenir par un nombre constant, donné par la pratique, et qui va toujours en augmentant avec la finesse du produit.

Pour chaine forte, le nombre constant est de 2 par pouce, et de 7, 9 par décimètre. D'après cela, quelle sera la torsion à donner au numéro 25, lin sec qui devra servir à cet usage ?

$$\sqrt{25} = 5 \times \begin{cases} 2 = 10 \text{ tours par pouce} \\ 7{,}9 = 39{,}5 \quad \text{» décimètre} \end{cases}$$

Les divers multiplicateurs sont réunis dans le tableau suivant :

GENRES DE FIL	Multiplicateurs pour un	
	Pouce	Décimètre
Trame ouverte.	1,5	6,»
Trame ordinaire	1,6	6,3
Demi-chaine.	1,8	7,»
Chaine ordinaire	1,9	7,5
Chaine forte.	2,»	7,9
Chaine pour fantaisie	2,4	9,5
Filterie supérieure.	2,6	10,27
Filterie extra supérieure. . .	2,8	11,»»

Voici le tableau des torsions que l'on donne ordinairement dans le commerce à chaque numéro.

NUMÉRO DU FIL	TORSION PAR POUCE	TORSION par décimètre	NUMÉRO DU FIL	TORSION PAR POUCE	TORSION par décimètre
2	2.82	11.1	50	14.14	55.8
3	3.46	13.6	55	14.81	58.5
4	4.	15.8	60	15.48	61.1
5	4.46	17.6	65	16.12	63.6
6	4.90	19.	70	16.72	66.
7	5.33	21.	75	17.32	63.4
8	5.76	22.7	80	17.88	70.6
9	6.	23.7	85	18.44	72.8
10	6.32	24.9	90	18.96	74.8
12	6.92	27.3	95	19.48	76.9
14	7.48	29.5	100	20.	79.
16	8.	31.6	110	20.76	82.7
18	8.48	33.4	120	21.90	86.5
20	8.94	35.3	130	22.80	90.
22	9.38	37.	140	33.66	93.4
25	10.	39.5	150	24.48	90.6
28	10.58	41.7	160	25.28	99.8
30	10.94	43.2	170	26.06	102.5
35	11.82	46.6	180	26.82	105.9
40	12.64	49.9	190	27.56	108.8
45	13.40	52.9	200	28.28	111.7

Il existe plusieurs méthodes pour trouver le pignon variable de torsion. Le système le plus simple consiste à trouver un nombre constant, qui divisé par le nombre de tours par pouce ou par décimètre qu'on veut avoir, donne au quotient le pignon à placer. Par suite, divisé par le pignon variable, il donne la torsion.

Ce nombre constant s'obtient en retranchant le pignon variable de l'opération qu'on a faite pour calculer directement la torsion. Si nous prenons l'exemple que nous avons donné plus haut, nous aurons :

$$\frac{120 \times 120 \times 0,20 \times 100}{24 \times 0,030 \times 1,90} = 199,99$$

Ce pignon peut encore se trouver au moyen de la racine carrée : il faut alors multiplier le nombre des dents du pignon donné par la racine carrée du numéro obtenu, diviser ensuite ce produit par la racine carrée du numéro cherché.

D'après ce principe, quelle sera le nombre de dents du pignon de rechange pour le numéro 50, s'il faut un pignon de 30 dents pour le numéro 100.

$$\frac{\sqrt{100} = 11 \times 30}{\sqrt{50} = 7,07} = 47 \text{ dents.}$$

On suit une autre marche, lorsqu'on veut trouver une torsion pour un autre numéro, proportionnelle au numéro que l'on produit. On multiplie alors le nombre de tours par la racine carrée du numéro demandé, et on divise ce produit par la racine carrée du numéro obtenu.

Exemple. — Quelle sera la torsion à donner au numéro 25, en supposant que je torde 35,3 pour le numéro 20.

$$\frac{\sqrt{25} = 5 \times 35,3}{\sqrt{20} = 4,47} = 39,5$$

Ce chiffre correspond à la torsion à donner par décimètre (*Voir le tableau*).

CHAPITRE XIX.

Dévidage.

Le but du dévidage est de donner au fil enroulé sur les bobines du métier à filer la forme commerciale ordinaire qui permet de le manier plus facilement et d'en distinguer les sortes.

La machine, dite *dévidoir*, est l'intermédiaire qui facilite cette disposition. Elle marche, soit à l'aide de la main, soit mécaniquement (système de friction, — système d'engrenage).

Il y a plusieurs systèmes de dévidage employés en France, mais la méthode écossaise est la plus en vigueur et la machine est réglée d'après les principes qu'elle donne.

Les bobines, sortant du métier à filer, sont engagées sur des broches placées sur le devant du métier et laissent dérouler leur fil sur des *volants* placés directement au-dessous. Elles sont guidées sur le parcours par des fils de fer attachés à une pièce de bois qu'on avance ou recule à volonté. Le volant lui-même, dont la circonférence est de 2 *yards* et demi, soit en mesures françaises 2^{m} 285, mobile sur un axe, est formé de six rayons et d'autant de traverses, dont l'une peut facilement bouger pour permettre l'enlèvement du fil. La forme de ce volant est hexagonale.

Le périmètre du volant a souvent 2^{m} 743, pour donner ce qu'on appelle *la bonne mesure*. Au bout de 120 tours, et plus souvent 121 ou 122, un coup de sonnette avertit que l'on a la longueur d'une *échevette* (en anglais *cut*), que l'ouvrière a soin d'entourer d'un lien pour la séparation des diverses parties; la réunion de 12 échevettes forme un seul *écheveau* (en anglais *hank*). Par suite, une échevette ayant 300 yards (274^{m} 2), l'écheveau a 3,600 yards de longueur (3,290^m 4). Un dévidoir complet est formé de 25 écheveaux (90,000 yards ou 82,260^m) et 100 écheveaux ou quatre dévidoirs donnent un paquet.

Il y a donc dans un paquet : — 100 écheveaux, — 1,200 échettes, — 4 dévidoirs, — 360,000 yards, — 329,040 mètres. Tel est le système tel qu'on le résume en France ; en mesures anglaises, il comporte plus de divisions et prend la forme suivante :

1 tour de dév. =		2 yards 1/2 =	90 pouces.
120 tours. =	1 échevette =	300 yards =	10800 pouces.
2 échevettes. =	1 heer double échevette =	600 yards =	21600 pouces.
6 hers ou 12 cuts =	1 écheveau =	3600 yards =	129600 pouces.
4 écheveaux =	1 bundle ou poignée =	14400 yards =	518400 pouces.

Certains autres systèmes, qu'on voit quelquefois employés, en diffèrent complètement. Ainsi, dans le dévidage irlandais, l'ensouple est beaucoup plus fort ; dans le *squirrel reel*, il est plus faible.

DÉVIDAGE IRLANDAIS

1 tour de dévidoire = 4 1/2 yards = 90 pouces.
120 tours = 1 échevette = 900 pieds = 10800 pouces.
12 échevettes = 1 écheveau = 10800 pieds = 129601 pouces.
20 écheveaux = 1 dévidoire = 216000 pieds = 2592000 pouces.

DÉVIDAGE ANGLAIS

1 tour (thread = 3 yards = 108 pouces.
100 tours = 1 échevette = 300 yards = 10800 pouces.
100 échevettes = 1 écheveau = 3000 yards = 108000 pouces.
20 écheveaux = 1 bundle = 60000 yards = 216000 pouces.

DÉVIDAGE SQUIRREL RÉEL

1 tour = 1 1/2 yard = 54 pouces.
100 tours = 1 échevette = 150 yards = 5400 pouces.
10 échevettes = 1 écheveau = 1000 yards = 54000 pouces.
40 écheveaux = 1 bundle = 60000 yards = 2160000 pouces.

On a partout l'habitude de se servir de mesures étrangères; ceci tient à ce que la filature de lin, bien qu'inventée en France, n'a trouvé d'imitateurs directs que chez les étrangers, et que c'est chez ces derniers que nous avons copié les perfectionnements et les systèmes qu'ils avaient ajoutés à nos inventions. Cependant, on a proposé des méthodes de dévidage français qui, nous le croyons, seront difficilement adoptées, ayant à lutter contre une habitude qui prévaut depuis longtemps.

M. Chomet a proposé un système de dévidage métrique à peu près sur les bases que voici : l'ensouple des volants serait de $2^{m}500$, changement assez facile à établir, 100 tours de volant donneraient alors 250^{m} pour un échevet ou échet, 10 échevets donneraient un écheveau de 2,500 mètres, et 20 écheveaux feraient une poignée ou bundle français de 50,000 mètres de longueur ; 10 poignées feraient un paquet de 500,000 mètres.

On a encore proposé un dévidage métrique qui nous semble encore plus simple, et qui est connu sous le nom de *dévidage français* ; c'est celui qui consiste à donner 2 mètres au périmètre du volant, 100 tours formeraient alors une échevette de 200 mètres (2 × 100), 10 échevettes un écheveau de 2,000 mètres, et 100 écheveaux un paquet de 200,000 mètres.

Nous répétons que ces divers changements seraient difficiles, sinon impossibles, à cause de l'habitude que nous avons prise depuis longtemps d'adopter des mesures étrangères, mais nous aurions cet avantage d'avoir un système compris de tous et de donner à nos fils un cachet de nationalité auquel nous devrions attacher quelque importance.

Les dévideuses trouvent peu de difficultés dans le travail qu'elles ont à faire, sinon avec les fils tout-à-fait mauvais. Elles doivent surtout prendre soin de bien faire leurs rattaches et de remplacer de suite les bobines vides, pour ne pas manquer les écheveaux et par suite pour ne pas diminuer le poids du paquet. On remarque que les fils qui ont été rattachés aux métiers à filer se brisent souvent aux coupures ou s'embrouillent.

Ordinairement, dans une manufacture bien tenue, à chaque métier à filer correspond une machine à dévider qui porte le même numéro que le métier. Dans ce cas, on doit avoir soin que le fil fabriqué sur le métier de filature soit dévidé sur le dévidoir correspondant. Ce n'est pas à dire cependant qu'une ouvrière habile ne puisse en certains numéros dévider le produit de deux machines.

Le dévidage se fait ordinairement aux pièces, et est payé à la longueur, le même prix pour tous les numéros de fils. On fait le contrôle comme on l'entend, mais il ne faut jamais s'en dispenser.

CHAPITRE XXI.

Séchage. — Empaquetage.

L'humidité que le fil retient après avoir passé dans les bacs des métiers à eau chaude, doit disparaître complètement, si on veut le conserver intact. La fermentation, activée par l'eau et l'air, se propage rapidement dans la matière gommo-résineuse du lin, et fait du séchage des écheveaux une opération indispensable.

Vingt-quatre heures au plus tard après le dévidage, tous les fils doivent être portés au séchoir ; au-delà de ce temps, ils se corrompent. Lorsqu'ils sont sur le dévidoir, ils ne sont sujets à se détruire que dans les parties qui sont en contact avec les traverses du volant, ou dans le cas où l'ouvrière aurait trop serré le fil qui marque la séparation des échevettes.

Le séchoir doit être un local vaste, muni de bons tuyaux de chauffage et d'issues convenablement placées pour la sortie des vapeurs humides. Il est important, surtout pour les filatures de gros numéros, qu'il soit suffisamment grand pour ne jamais être encombré. Suivant l'avis de certains filateurs, il est préférable que les parties principales soient en fer peint, et non en bois qui pourrit trop facilement.

On peut faire sécher le fil à l'air libre, mais non en toute saison. Cette méthode a l'inconvénient de raidir le fil à tel point qu'il est assez difficile de l'assouplir pour la vente. Souvent aussi, le séchoir est installé au-dessus des générateurs, pour économiser le combustible. Ce système est excellent en ce sens qu'il permet de sécher les écheveaux en leur conservant beaucoup de souplesse, mais il est dangereux à cause des incendies, et souvent le local ne suffit pas. Dans certaines usines, on fait sécher le fil, d'abord à l'air extérieur, après le dévidage, puis au séchoir, vingt-quatre heures après. Mais ceci n'est pas toujours praticable.

Quoiqu'il en soit, on fera bien, si on le peut, de n'ouvrir le séchoir que trois fois par jour ; dans la matinée, pour enlever le fil séché et le remplacer par du fil venant des dévidoirs ; à l'heure du midi, pour changer de place les écheveaux et pour les secouer quelque peu ; vers le soir, pour la même opération. On doit avoir soin pendant ces trois visites d'établir chaque fois un courant d'air pour chasser la vapeur.

Il est indispensable, pour éviter de mélanger les sortes, de conserver à tous les écheveaux les étiquettes qui y ont été apposées ; et pour plus d'ordre, ont fera bien de mettre une levée de dévidoir par chaque perche.

Ce qui doit aussi être spécialement recommandé c'est qu'aucun des écheveaux ne soit enlevé des perches avant un séchage complet. Sans cette précaution, le fil s'échauffe rapidement, entre en fermentation et se détruit.

Le fil est ensuite livré à l'empaqueteur qui vérifie de même s'il est bien sec. Il est obligé, avant de le mettre en paquet, d'en secouer fortement les écheveaux, les uns après les autres, en les tendant avec les bras sur une barre de fer ou de bois dur fixée à une traverse. Cette barre peut souvent se déplacer à la volonté de l'ouvrier, suivant qu'il la juge placée à une hauteur plus ou moins convenable

Dans un grand nombre de manufactures et pour certaines qualités de fil, on ne se contente pas de cette opération. L'empaqueteur croise les écheveaux les uns au-dessus des autres, dans une salle carrelée en briques, et les arrose au fur et à mesure avec un balai de jonc, jusqu'à ce qu'il ait atteint la hauteur de $1^{m}50$. Il charge alors le tout d'un poids suffisamment lourd, et retire au bout de 24 heures les écheveaux qui ont toute la souplesse et le moelleux désirable. Inutile de dire qu'un arrosage trop complet équivaudrait à un séchage imparfait, et qu'il faut faire cette opération de manière à ne pas pénétrer au cœur du fil. Les fils secs ne sont jamais soumis à un semblable travail.

On pourrait, pour rendre le séchage en même temps plus facile que plus rapide et moins coûteux, extraire du fil au moyen d'une presse une partie de l'eau dont il est imprégné ; mais il serait utile, avant de faire l'expérience en grand, d'expérimenter sur quelques écheveaux.

L'empaquetage est une opération très-simple en elle-même, mais souvent trop négligée par les filateurs qui de cette manière nuisent quelquefois à la vente de leurs produits. Il est souvent des fils inférieurs qu'on prise beaucoup plus que d'autres par suite d'un bon paquetage. D'ailleurs, sous ce rapport les anglais sont nos maitres, et dans un grand nombre d'articles, la supériorité qu'ils ont acquise sur nous, tient beaucoup aux soins extérieurs qu'ils savent donner à leurs produits.

Une *forme* est nécessaire pour la confection des paquets de fil. Elle se compose essentiellement d'une plaque en bois dur, élevée sur quatre pieds, et surmontée de chaque côté d'un certain nombre de montants mobiles.

La longueur et la largeur des formes diffèrent avec les espèces de fil : elles sont plus grandes pour les gros, et plus petites pour les fins numéros. Une même forme peut servir pour les uns et les autres quand il arrive que les montants peuvent se rapprocher suivant la volonté du ployeur.

En mettant en paquet, ce dernier doit prendre soin de ne pas confondre les fils des différents métiers, ni de plier des écheveaux incomplètement séchés.

L'empaquetage des fils diffère suivant les numéros. Jusqu'au numéro 5 un paquet se compose de quatre bottes, du numero 6 au numéro 20 de deux bottes, au-dessus de ces marques, d'un paquet simple ou de deux bottes au plus. Pour les gros numéros, les écheveaux sont ordinairement en long, pour les fins numéros, ils sont ployés en deux ou trois.

Le ployeur donne aux écheveaux une certaine torsion, légère dans la longueur, un peu plus forte à l'extrémité. Il a soin de ranger toutes les têtes d'une manière symétrique, de façon qu'elles présentent un beau coup d'œil, et s'il le juge bon, il y passe un peigne qui range les fils. Il y a ordinairement quatre têtes pour la largeur d'un paquet.

Aujourd'hui, dans un grand nombre d'usines, on soumet les paquets à l'action d'une presse pour leur faire occuper moins de place. Cet instrument sera à volonté, soit la presse hydraulique de Brahma, soit la presse à cric qu'on emploie pour les cotons filés, ou bien encore pour plus d'économie, une planche épaisse surchargée de quelques poids. Dans tous les cas, on ne fait agir la presse, que lorsque tous les écheveaux mis en place peuvent être reliés entre eux (1). Puis, lorsque les paquets sont terminés, on les porte au magasin, en ayant soin de les étiqueter.

Le magasin doit toujours être très-vaste, frais sans humidité et assez élevé. Les fils y sont rangés par sortes et par numéros, et autant que possible pesés pour vérification. Un poids inférieur est un défaut trop marqué, surtout dans une grande quantité de fils, pour qu'on puisse le passer sous silence. Ceci peut provenir, soit de ce qu'il manque quelques échevettes, soit de ce que l'on a mêlé des fils de numéros supérieurs au paquet ; si le poids est trop élevé, ceci peut tenir à un séchage imparfait, quelquefois aussi à un temps pluvieux où à un mélange avec de gros numéros. On peut rémédier à ces inconvénients, au dévidoir ou au séchoir selon le cas ; et le remèdè devient toujours plus facile quand on connait la cause du mal. D'ailleurs, à ce sujet, la pratique est la meilleure conseillère.

---

(1) Selon les divers numéros, on serre les paquets avec un écheveau, un demi, 2 ou 2 1/2, et les paquets ont 4 ou 5 liens. Les paquets demi-longueur n en ont que 3 ou 4.

CHAPITRE XXII.

Numérotage. — Calcul du numéro.

Le numéro indique en mesures anglaises le poids d'une longueur constante de fil. L'unité de longueur est l'échevette de 300 yards et le poids dont on fait usage est la livre anglaise de 453 grammes. Si une échevette pèse une livre, le fil est du numéro 1, s'il faut deux échevettes pour faire la livre ou si l'échevette pèse deux livres, le fil est du numéro 2, et ainsi de suite.

D'après cela, comme le paquet est formé de 100 écheveaux de 12 échevettes chacun, le poids d'un paquet numéro 1, sera comme type :

$$0{,}453 \times 12 \times 100 = 543 \text{ kilog. } 600 \text{ gr.}$$

Dans le commerce, on prend en nombre rond 540 kilog., comme poids le plus approchant. Or, comme le paquet des numéros 2, 3..... 40, 50, sont la moitié, le tiers ... le 30e, le 40e, d'un paquet N° 1, il suffira, pour avoir le poids d'un paquet de fil de diviser 540 par le numéro.

On peut par suite définir le numéro, *le rapport du poids du paquet type au numéro du fil à obtenir*. Réciproquement, le poids d'un paquet sera : *le rapport du poids du paquet type au poids du fil à obtenir*.

D'après ces donnés, le numéro d'un paquet de 34 kilog. par exemple, sera de :

$$\frac{540}{34} = 16$$

Et le poids d'un numéro 16 sera par réciprocité :

$$\frac{540}{16} = 34 \text{ kilogr.}$$

Le tableau suivant donne le poids des paquets que l'on fabrique dans l'industrie :

NUMÉROS	POIDS	NUMÉROS	POIDS	NUMÉROS	POIDS
1	540	28	19.280	130	4.150
2	270	30	18	140	3.850
3	180	35	15.420	150	3.600
4	135	40	13.500	160	3.500
5	108	45	12	170	3.170
6	90	50	10.800	180	3.000
7	77.140	55	9.810	190	2.840
8	67.500	60	9	200	2.700
10	54	65	8.300	220	2.450
12	45	70	7.710	240	2.250
14	38.570	75	7.200	260	2.070
16	33.750	80	6.750	300	1.800
18	30	90	6	400	1.350
20	27	100	5.400	600	0.900
22	24.540	110	4.900		
25	21.60	120	4.500		

Mais ces paquets doivent toujours avoir leur course, c'est-à-dire les 360,000 mètres déterminés pour chacun d'eux. Le tableau suivant donne la longueur au kilog. des numéros les plus usités.

NUMÉRO DU FIL	LONGUEUR au kilogr.	NUMÉRO DU FIL	LONGUEUR au kilogr.
	mètres		mètres
1	605	55	33275
2	1210	60	36300
3	1815	65	39325
4	2420	70	42350
5	3025	75	45375
6	3630	80	48400
7	4235	90	54450
8	4840	100	60500
10	6050	110	66550
12	7265	120	72600
14	8470	130	78650
16	9680	140	84700
18	10900	150	90750
20	12100	160	96800
22	13310	170	102850
25	15125	180	108900
28	16940	190	114950
30	18150	200	121000
35	21175	220	133100
40	24200	240	145200
45	27225	260	157300
50	30250		

Nous n'avons guère à parler du numérotage français, dont nous avons dit quelques mots plus haut et que nous n'avons jamais vu employé (1).

Nous savons que 300 yards (274^{m}2) pèsent 0,453 gr., or, en nous basant sur ce principe, nous pouvons au moyen d'une simple règle de trois, trouver le numéro 1 français, correspondant au numéro 1 anglais. Il suffira dès lors pour convertir un numéro anglais en numéro français, de multiplier le 1er par le second :

Si 274^{m}2 correspondent à 0,453 gr.

$$1^{m} \text{ correspondra à } \frac{0,453 \text{ gr.}}{274,2}$$

$$1 \text{ kilomètre } \text{»} \text{ à } \frac{453 \times 1000}{274} = 1 \text{ k. } 652$$

$$\frac{0,500 \text{ gr.}}{1 \text{ k. } 652} = 0,3.$$

Il suffira donc de multiplier par 0,3 pour trouver le numéro

---

(1) IRLANDE, BELGIQUE, ÉCOSSE.

En Irlande, on divise les paquets par *bundles*. Or, le bundle étant le sixième d'un paquet anglais, il faudra multiplier son prix par 6 pour avoir la valeur réelle.

En Belgique, le paquet n'étant composé que de trois bundles, les paquets belges sont la moitié des paquets anglais.

En Écosse, on compte par *spingles*. Un spingle est le 25me du paquet anglais, la valeur doit donc être multipliée par 25.

On peut trouver dans une circulaire de Dundée les explications suivantes : 2 lbs = 1 sch. 6 1/2. Traduisez : le spingle qui pèse deux livres anglaises, vaut 1 schilling 6 deniers 1/2. Pour connaître le poids qui correspond à cette valeur, on multiplie par 25 et par 0,453 gr. (équivalent de la livre anglaise) :

$$25 \times 2 \times 0,453 = 22 \text{ kil. } 65.$$

En se reportant au tableau qui détermine le poids de chaque paquet on trouve que ce nombre correspond au numéro 25.

français. Ainsi, le numéro 2 anglais sera le numéro 0,6 français et le numéro 70 anglais le numéro 21 français (2).

Les données indispensables à connaître pour arriver à la formation d'un numéro de fil sont les étirages de chaque machine, les doublages nécessaires pour la régularité des rubans, la longueur et le poids du ruban primitif et la torsion nécessaire à donner à la mèche. Quand on est en possession de ces indications, on est vraiment maître des machines et on les gouverne à sa guise.

Chaque métier, nous l'avons vu, étire plus ou moins selon le pignon qu'on emploie ; or, comme on a à sa disposition quatre ou cinq étirages différents pour la plupart de s machines, ont peut les combiner et les varier à l'infini pour obtenir divers résultats. On n'a donc besoin d'aucun autre moyen que celui-là pour amener son ruban au degré de finesse nécessaire et obtenir en numéro de fil tel résultat que l'on voudra.

Ceci vient encore à l'appui du conseil que nous donnions plus

(2) Voici le poids des paquets qui correspondent aux numéros français.

Nos			Nos		
1. . .	200 k.	00	28. . .	7 k.	20
2. . .	100	00	30. . .	6	66
3. .	66	66	35. . .	5	71
4. . .	50	00	40. .	5	00
5 . .	40	00	45. . .	4	44
6. . .	33	30	50. . .	4	00
7. . .	28	50	55. . .	3	63.
8. .	25	00	60. .	3	33
9. . .	22	22	65. . .	3	07
10. .	20	00	70. . .	2	75
12. . .	16	66	75. . .	2	66
14. . .	14	28	80. . .	2	50
16. . .	12	50	85. . .	2	35
18. . .	11	10	90. .	2	20
20 . .	10	00	95. . .	2	10
22.	9	09	100. .	2	00
25. . .	8	00			

haut, de n'avoir qu'une seule et même manière d'étaler pour tous les numéros de fil. Rien n'empêche de placer constamment les poignées à la même distance, puisque les changements du pignon suffisent à donner l'allongement nécessaire.

Il est indispensable, dans tous les cas, de savoir faire usage des pignons. Quand on ne connaît pas la manière de s'en servir, ce n'est jamais que par un tâtonnement plus ou moins long que l'on peut arriver au numéro exact qu'on veut obtenir. Chaque fois que l'on change de numéro, ce qui peut arriver très-fréquemment, c'est un nouveau tâtonnement à faire.

La première fois qu'on se trouve en présence de machines qui n'ont pas fonctionné ou que l'on ne connaît pas encore, la première chose dont on doive s'occuper, c'est de chercher quels sont les divers étirages qui correspondent aux pignons qu'on peut leur appliquer. Lorsqu'on les connaîtra parfaitement, on pourra calculer son numéro d'après la méthode qui conviendra le mieux. On donnera le nombre de doublages nécessaires aux préparations et on réglera les torsions d'une manière convenable.

Ce n'est cependant que par la pratique que l'on peut arriver à régler cette torsion, comme à calculer la perte occasionnée par les déchets. Les étirages et les doublages peuvent avoir été très-bien combinés pour un numéro donné, mais le calcul sera fautif si l'on n'a pas tenu compte de la torsion ni des déchets.

On conçoit que cette torsion, raccourcissant le fil, augmente le poids du paquet, tandis que le déchet le diminue d'autant plus que le lin est plus grossier et plus chargé de matière gommeuse. Nous donnerons plus loin une méthode qui donne d'une manière approximative le gain occasionné par la torsion. Mais la connaissance de la matière est indispensable pour juger de la perte qui provient du déchet. Cette perte varie avec chaque espèce de lin ; ainsi, les lins de Bergues perdent environ 3 1/2 pour 100, les lins de la Lys 3 pour 100, les lins de Douai 4 à 5 pour 100, les lins de Normandie 2 1/2 pour 100, les lins Picards 4 1/2 pour 100, etc., etc.

Dans tous les cas, les méthodes employées pour le simple calcul des numéros sont multiples et varient avec chaque usine. Les uns emploient le système le plus complexe, qui est de déterminer le numéro à la table à étaler d'abord, puis aux bancs d'étirage, ensuite au banc-à-broches et en dernier lieu au métier à filer. Les autres, qui ne veulent pas avoir l'embarras de changer constamment leurs pignons, déterminent le poids de l'assortiment derrière le premier étirage, et donnant à chacune des machines un étirage moyen, ne changent que les pignons du banc-à-broches et du métier à filer. Ce dernier système est fort employé dans les filatures où le grand nombre des machines de préparation permet de n'appliquer que quelques systèmes par série.

On doit autant que possible arriver au poids mathématique du paquet, mais ceci est assez difficile. Dans tous les cas, l'erreur doit être assez peu sensible, c'est pour cela que l'on règle les dévidoirs de manière à toujours obtenir une bonne mesure.

Nous allons indiquer quelques méthodes d'après lesquelles on pourra se guider.

Adoptons par exemple les nombres suivants (1) :

La longueur marquée par la sonnette de la table à étaler étant supposée de 500 yards, et l'assortiment derrière le premier étirage ayant un poids de 90 kilogs, nous avons ensuite :

Étirage du premier banc d'étirage. .	16	
Étirage du deuxième banc. . . .	16	
Doublage		18
Étirage du troisième banc. . . .	14	
Doublage		8
Étirage du banc-à-broches	14	
Étirage du métier à filer	9,54	

(1) Exemple donné par Ancelin.

La longueur totale s'obtiendra en multipliant la longueur primitive, soit 500 yards, par les étirages multipliés les uns par les autres :

Longueur totale $= 500 \times 16 \times 16 \times 14 \times 14 \times 9{,}54 = 259194880$ yards

Le produit du poids de l'assortiment par les divers doublages donnera le poids correspondant :

$$\textit{Poids total} = 90 \times 18 \times 8 = 1296 \text{ kgs.}$$

Ces données établies, il suffira d'une simple règle de trois pour arriver au résultat définitif, qui est le poids du paquet du numéro produit :

$$\frac{\text{Longueur totale}}{\text{Poids total}} = \frac{\text{Longueur du paquet}}{\text{Poids du paquet}}$$

Dès lors, si nous désignons le poids à trouver par x, nous aurons :

$$\frac{259194880}{1296} = \frac{360{,}000}{x}$$

$$x = \frac{1296 \times 360{,}000}{259194880}$$

$$= 18 \text{ kilogs.}$$

Ce poids correspond au numéro 30. Mais jusqu'ici il n'est que théorique, parce qu'il a été calculé sans que nous tenions compte de la torsion ni du déchet. Nous devons donc d'un côté produire une diminution, de l'autre un gain, et cela se fera, soit sur le poids de l'assortiment, soit sur la somme des doublages, soit sur l'un des étirages.

Nous donnerons plus loin la manière de calculer le gain occasionné par la torsion, supposons qu'il soit de 12 pour 100. Si la perte venue de l'évaporation est de 3 pour 100, on aura comme total 12 pour 100, moins 3 pour 100, soit 9 pour 100.

Si on veut diminuer l'assortiment, on aura pour poids réel :

$$109 : 100 :: 90 : x.$$

$$x = 83 \text{ k. } 500$$

Si l'on veut changer au métier à filer, on a :

$$100 : 109 :: 9,04 : x.$$

$$x = 0,85.$$

Au banc-à-broches :

$$100 : 109 :: 14 : x.$$

$$x = 15.28.$$

Voici un autre système qui permet encore d'arriver à un bon résultat :

Je suppose qu'on ait à faire du fil N° 25.

La table à étaler donnant toujours 500 yards par coup de sonnette, on étale 5 kilog. 500 pour cette longueur. Le doublage du premier étirage étant de 18, son étirage de 16, on a :

$$\frac{5.500 \times 18}{16} = 6.187 \text{ grammes}$$

On réunit au second étirage 12 rubans du premier banc, on étire de 14,5, ce qui donne :

$$\frac{6,187 \times 12}{14,5}$$

En réunissant 8 rubans du second étirage au troisième, étirant de 14,5, on a encore :

$$\frac{6,187 \times 12 \times 8}{14,5 \times 14,5} = 2,824 \text{ grammes}$$

Je donne 12 d'étirage au banc-à-broches et j'ai :

$$\frac{2,824}{12} = 235 \text{ gr. } 35 \text{ pour } 500 \text{ yards.}$$

Le poids de 360,000 yards, longueur d'un paquet, sera donc :

$$\frac{235,35 \times 360,000}{500} = 169 \text{ kil. } 452.$$

Le poids du paquet N° 25 étant de 22 kilog., l'étirage que je devrai donner au métier à filer, pour produire le numéro voulu, sera de :

$$\frac{169,452}{22} = 7,25.$$

Comme nous l'avons dit plus haut et démontré, on fait subir une différence à ces données en tenant compte de la torsion et de l'évaporation.

Mais lorsqu'on a affaire à des métiers calculés d'après les mesures françaises, il est facile de revenir au système anglais. Nous allons indiquer la marche â suivre, en donnant encore une autre manière d'agir pour le calcul du numéro (ancienne méthode).

La table à étaler donne par exemple 457 mètres 5 par coup de sonnette, pesant 3 kilog. Pour une livre ou 500 grammes, on aura donc :

$$3 : 457,5 : : 500 : x$$

$$x = \frac{457.5 \times 500}{3} = 76^{m}25$$

Or, 76,25 multiplié par 1,000 mètres, longueur d'un écheveau français, donne pour numéro du ruban sortant de la table à étaler 0,07625 (1). Un doublage de 10 sur le premier étirage réduit ce numéro à 0,007625.

Pour l'étirage de cette machine, en admettant le minimum, qui est de 20, le numéro sera élevé à 0,1525.

L'étirage de cette machine, en admettant encore le minimum, qui est ici de 10, ne compensera pas tout-à-fait l'effet du doublage et ne donnera que 0,127.

Ce dernier chiffre, divisé par un doublage de trois sur le banc-à-broches, se réduira de nouveau à 0,0423.

Enfin, multipliant 0,423 par 10, minimum de l'étirage sur le banc-à-broches, nous aurons pour numéro définitif, 0,423.

(1) Coquelin.

Cette préparation étant portée sur le métier à sec, si l'on y produit un étirage de 5,88, le numéro du fil sera 2,48, soit 8,29 anglais.

En résumant ce calcul, nous le présenterons ainsi :

	Doublages.	Étirages.
1er étirage. . .	10 rubans.	20
2me étirage . . .	12 »	10
Banc-à-broches . .	3 »	10
Métier à filer. . .	»	5,88
	360	117,60

$$\text{Or}, \quad \frac{11760}{360} = 32,66$$

Multipliant par 32,66 le numéro du ruban de la table à étaler, on trouve pour le numéro du fil 2,49. Numéro anglais 8,3.

On modifie encore chacune des données, étirage ou assortiment, pour trouver le numéro pratique. Il est évident que l'on peut aussi changer le doublage. Le raisonnement se ferait dans ce cas de la manière suivante : le doublage actuel de l'un des étirages est au doublage à trouver, comme le poids du numéro actuel est au poids du numéro qu'on veut avoir.

Pour changer au doublage de deux étirages, ce serait :

Le produit des doublages actuels des deux métiers est au produit des doublages à trouver, comme le poids du numéro actuel est au poids du numéro qu'on veut obtenir.

De même, pour changer aux trois doublages, on dirait :

Le produit des trois doublages actuels est au produit des doublages qu'on cherche, comme le poids du numéro actuel est au poids du numéro cherché.

Mais ces raisonnements supposent que l'on se guide d'après un numéro déjà trouvé. On change alors suivant le rapport des poids.

Ainsi, si l'on veut changer à l'assortiment d'un N° 30 pour faire un N° 35, ce changement doit avoir lieu dans le rapport de 18, poids du premier numéro, à 16, poids du second.

Ainsi, veut-on changer un assortiment de 90 kilog., on aura :

$$90 : x :: 18 : 16.$$

$$x = \frac{90 \times 16}{18} = 80 \text{ kilogs}$$

Nous pouvons encore, non-seulement opérer tous ces changements sur le doublage, l'étirage ou l'assortiment, mais sur plusieurs de ces données ensemble.

Pour connaître la perte occasionnée par l'évaporation ou le gain donné par la torsion, on se fonde sur ce principe que le N° 25 tordu 10 tours par pouce anglais donne 10 pour 100 de perte en longueur. Or, si ce numéro donne 10 pour 100 de perte, le numéro 1 en donnera 25 fois plus, soit 250, et perdra, si on ne le tord qu'une seule fois, 10 fois moins, soit $\frac{250}{10} = 25$. Et, si je file du numéro 30 au lieu du numéro 1, ma perte sera 30 fois moindre, soit $\frac{250}{10 \times 30}$ En outre, si au lieu de tordre un tour par pouce, je tords 11 tours 50 centièmes, j'aurai une perte de 11,50 plus forte, ou

$$\frac{250 \times 11.50}{10 \times 30} = 9{,}60 \text{ p. } {}_0/{}^0.$$

On prend, pour opérer plus facilement, un nombre toujours constant, en prenant pour point de départ le numéro 1 tordu 1 par pouce, ce qui donne :

$$\frac{250}{10} = 25 \text{ nombre constant.}$$

Si on calcule sur la torsion par décimètre, le nombre constant est 6,33, d'où la règle suivante :

La perte en longueur que fait subir la torsion à un numéro s'obtient en multipliant la torsion par pouce de ce numéro, par 25 *ou* 6,33 *et divisant par ce numéro*. D'après cela, on résoudra facilement la question suivante :

Quelle est la perte qu'occasionne la torsion au numéro 80, tordu 19 tours par pouce :

$$\frac{19 \times 25}{80} = 5{,}80 \text{ p. } 0/0$$

Quelle est la perte occasionnée au même numéro tordu 19 tours par décimètre :

$$\frac{19 \times 6{,}33}{80} = 15 \text{ p. } 0/0.$$

On se sert souvent dans les filatures, pour connaître l'étirage à donner d'après la torsion au métier à filer, d'une machine à diviser à laquelle on joint une romaine. La romaine sert à donner le poids d'une certaine longueur de mèche. Or, cette longueur est donnée par la machine qui se compose d'un cercle de un yard de circonférence pouvant tourner sans arrêt 360 fois sur lui-même. En sortant du banc-à-broches, on mesure 360 yards de mèche, ce qui forme la millième partie du paquet et on pèse à la romaine la longueur obtenue.

Supposons qu'on ait mesuré 360 yards, ayant pour poids 600 grammes, je cherche quel étirage, je devrai donner au métier à filer pour produire du numéro 12 en adoptant la torsion de 10 tours par pouce.

Je raisonne ainsi qu'il suit :

En tordant le numéro 12 de 10 tours par pouce, je lui occasionne une perte en longueur de $\frac{10 \times 25}{12} = 20$ %. Je devrai donc ajouter cette quantité au poids trouvé, ou augmenter l'étirage du métier à filer de ses $\frac{20}{100}$ Nous allons examiner chacune de ces deux méthodes.

D'après la première méthode je raisonne ainsi :

$$\text{Si 600 gr. pèsent } \frac{600 \times 20}{100} = 120.$$

$$\text{1 mètre pèse } \frac{120}{329}$$

$$\text{360000 yards ou } 329040^{m} \text{ pèsent : } \frac{329040 \times 120}{329} = 120 \text{ kilogs.}$$

$$\text{Étirage à donner } \frac{120}{45} = 2{,}70.$$

Si on se sert de la seconde méthode, on multiplie 600 grammes par 1000 puisque c'est la millième partie du paquet, et on divise par 45 poids du paquet.

L'étirage est de 60 kilog. : 45 = 1,35. Diminuant le poids de 20 % qu'il aurait en superflu par le fait de la torsion, on trouve $\frac{1{,}35 \times 20}{100} = 2{,}70$. Le résultat est évidemment le même, de quelque méthode que l'on se serve.

NOTES COMPLÉMENTAIRES.

I.

Machines à peigner de MM. Rousselle et Dossche, de Lille.

Depuis quelque temps, les changements les plus sérieux ont été apportés dans les peigneuses mécaniques, et nous avons apprécié les peigneuses de MM. Rousselle et Dossche comme étant jusqu'ici les plus perfectionnées. Simplicité dans les mouvements, régularité de marche, construction supérieure, et surtout résultats acquis ; tout y est agencé de manière à en faire de véritables machines manufacturières.

Ces peigneuses sont de deux sortes :

Machines à brosses et doffer, spécialement construites pour le peignage des lins fins et généralement rouis à l'eau courante (Lys, Courtrai, etc.)

Un espace de trois pouces sépare les presses deux à deux ; la distinction des étoupes se fait ainsi naturellement d'elle-même dans les caisses où elles tombent. Par une disposition particulière de montage, les peignes se présentent sur les mèches d'une manière perpendiculaire sans action brutale. Cette application dispense de l'emploi des barrettes très-lourdes, qui, dans d'autres systèmes, fatiguent énormément les manchons en cuir.

Les brosses destinées à enlever les étoupes pour les présenter au doffer n'attaquent pas les peignes sur la partie rectiligne du manchon, mais à sa partie circulaire inférieure lorsque le peigne se trouve encore dans le galet ; le nettoyage devient de la sorte plus facile et plus régulier. L'écartement des brosses est réglé par une vis de rappel.

Machines à lattes, pour lins de Bergues, de Russie, des pays wallons, etc.

Dans ce système, les constructeurs ont remplacé les aiguilles du premier peigne par une suite de brossettes dures, qui ont pour effet de paralléliser complètement les fibres du lin avant de le soumettre à l'action des aiguilles. Car il arrive que les ouvriers, dans la précipitation du travail, engagent parfois les presses dans le chariot lorsque celui-ci occupe la position inférieure, d'où il suit que les brins entremêlés seraient rompus en partie si les aiguilles venaient brusquement les attaquer. Sans aucun doute, cette disposition influe considérablement sur le rendement.

On a donné en outre au chariot, une ascension beaucoup plus grande que dans les autres machines, afin qu'au moment où les presses passent d'une série de peignes à une autre série plus fine, les extrémités du lin soient complètement dégagées.

Les presses employées sur ces machines sont en cuir avec ondulations intérieures, de manière à ce que les reliefs d'une plaque concordent parfaitement avec les cavités de l'autre plaque, il est évident que de cette façon le lin se trouve beaucoup mieux reteuu que dans les presses ordinaires qui ont une section intérieure plane.

Ces machines ont huit peignes de longueur, mais on peut au moyen d'un mécanisme correspondant au tire-presses, faire passer à volonté les mèches au-dessus des dernières séries, suivant le numéro qu'on se propose de former. Cette disposition est tout-à-fait spéciale; le degré de peignage ne se réglait précédemment qu'avec un changement de vitesse du chariot qui dans son accélération précipitait la matière trop brusquement dans les peignes, ou bien en écartait les nappes portant les peignes, ce qui donnait un travail incomplet pour l'intérieur de la poignée. Aussi l'application du mouvement d'évitement donne-t-il un excellent résultat.

L'ancienne commande de tire-presses, composée le plus généralement d'un levier et d'un excentrique à coulisse, est remplacée par un mouvement très-simple à genouillère. Le mouvement de rappel des presses est alors fait par la descente d'un contre-poids qui reste suspendu lorsqu'un dérangement quelconque se manifeste. C'est en quelque sorte un appareil de sûreté évitant les casses.

Le service de deux peigneuses mariées par un chemin de fer circulaire exige cinq manœuvres, et seulement quatre s'ils sont d'une certaine force. L'emploi de ces chemins de fer donne une grande économie de main-d'œuvre, les serveurs n'étant plus obligés de prendre les presses au chariot ; elles sont amenées à leur portée par des coulisses circulaires.

Les écueils ordinaires des machines à lattes : entrechoquement des tabliers et ruptures des lattes sont évités : 1° par la nature et la forme même des lattes qui sont de toute la longueur de la longueur de la machine et en fer cornière d'un modèle spécial ; 2° le mode d'attache et le peu de poids des taquets des peignes ; 3° par le travail déboureur des lattes qui sont chassées par des galets excentreurs et non par la force centrifuge comme dans certaines machines. Chaque peigne a sa latte qui travaille forcément.

Ces machines sont à nappes verticales à intersection et ont l'avantage tout en ne nécessitant aucun entretien de brosses ni de doffer, de laisser les étoupes dans toute leur longueur. La simplicité du mécanisme les garantit de tout dérangement. A. R.

II.

Cylindre-lamineur Jenatzy-Leleux

Applicable aux bancs-à-broches et aux métiers à filer.

Nouveau rouleau — breveté 15 avril 1872 — à bandage circulaire élastique en caoutchouc, fixe pendant le travail, mais pouvant facilement s'enlever et se remplacer.

Nous ne pouvons rien présumer de l'excellence de ce système, que nous n'avons pas encore expérimenté; nous ne ferons donc que reproduire sans commentaires l'exposé que M. Jenatzi lui-même nous a communiqué :

Ces cylindres ou ronleaux, qui ont pour mission d'étirer ou de délivrer la mèche de la bobine pour la conduire à la broche qui lui donne la torsion propre au fil à produire, ont été jusqu'ici construits en bois, en gutta-percha ou en caoutchouc durci, mais dans tous les cas exclusivement de l'une ou de l'autre de ces matières.

1° Le bois demande un renouvellement si fréquent qu'il fut abandonné presque partout; le buis (espèce la plus convenable) est parfois très-cher et difficile à trouver; remplacé par le poirier, celui-ci offre un grand inconvénient de plus : il s'en détache des éclats qui s'introduisent sous les ongles des ouvrières et leur occasionnent des panaris et incapacités de travail.

2° La gutta-percha, pure et bien travaillée, constitue certainement un bon rouleau, mais le prix en est exorbitant; il use plus vite que tout autre, et après un certain nombre de cannelures, le tiers du rouleau est mis hors de service et vendu à vil prix. — Ce rouleau déjà aujourd'hui le plus coûteux de tous, deviendra inabordable dans un temps fort rapproché, la matière première étant absorbée par la fabrication des câbles télégraphiques sous-marins. — En accordant des qualités au rouleau en gutta, je suis resté dans l'hypothèse du rouleau en gutta neuve et pure; mais combien de fois l'obtient-on dans ces conditions? Cette matière se mélange à l'infini, les déchets refondus sont remis dans le commerce, et fort souvent on paye au prix des bons, des rouleaux fort mauvais.

3° Le rouleau en caoutchouc durci, composé de bonne gomme, et vulcanisé à point, est plus durable que le rouleau en gutta, mais, par contre, la valeur du déchet (c'est-à-dire le tiers du rouleau) est nulle. — De plus, il arrive fréquemment que par une vulcanisation trop forte, la matière se brûle, devient granuleuse et use les cylindres en cuivre. — Je tiens à constater ici que cette cause d'usure des cylindres en cuivre est due exclusivement à une trop forte vulcanisation qui carbonise en quelque sorte le caoutchouc, mais que le caoutchouc pur élastique, vulcanisé convenablement, est parfaitement inoffensif pour le cuivre.

Après avoir fait maintes tentatives infructueuses, je suis enfin parvenu à trouver une disposition très-simple répondant à tous les besoins, peu coûteuse et d'un remplacement très-aisé après usure et presque sans perte, s'appliquant sur le corps d'un rouleau en bois, en fer, en fonte, en cuivre ou de toute autre matière.

La bague ou bandage, est en caoutchouc de Para, très-pur et d'une qualité supérieure, vulcanisé avec beaucoup de soin, de façon à lui conserver toute son élasticité ; il est moulé, afin d'être d'une régularité irréprochable dans toutes ses parties. — Il porte une nervure intérieure destinée à se loger dans la rainure du rouleau. — Cette rainure est d'une largeur et d'une profondeur à peu près égales au tiers de la largeur du rouleau. — Le bandage, à l'état libre, a quelques millimètres de diamètre en moins que le cylindre, de sorte que par une légère tension, il se place sur le rouleau ; la nervure de la bague s'introduit exactement dans la rainure de son pourtour et la fixation de la garniture est ainsi assurée de la façon la plus simple et avec une solidité suffisante pour empêcher tout déplacement.

Inutile de dire que le remplacement des bandages usés s'opère sans peine et sans perte de temps ; — tandis que les déchets de caoutchouc souple conservent la valeur qui leur est propre. — Ces bandages peuvent avoir toutes les épaisseurs, selon le diamètre du rouleau à garnir.

La nature de ce bandage lui assure une durée d'autant plus longue que le caoutchouc ainsi préparé ne peut être placé dans des conditions de conservation plus favorables que celles propres à la filatre de lin, chanvre, étoupes ou jute ; c'est-à-dire : l'eau, le mouvement et une température convenable au maintien de son élasticité. — Les cannelures n'ont pas besoin d'être tracées dans le bandage au préalable, vu sa facile compression, attendu que son contact avec le cylindre en cuivre les forme, sans que jamais de cette façon elles puissent se contrarier dans leur assemblage.

Ce point est très-important : d'abord parce qu'il économise la main-d'œuvre relative à la confection des cannelures ; ensuite parce que la régularité des cannelures empêche l'usure exagérée des rouleaux, tant de celui en cuivre que de celui garni de caoutchouc, et enfin parce que, lorsqu'il y a irrégularité de cannelures entre les deux rouleaux, ce qui se produit dans beaucoup de filatures, cela peut nuire considérablement à la bonne qualité du fil.

Il se comprend sans plus d'explications que le cylindre en cuivre n'opérant que sur une surface élastique prenant son empreinte ne s'usera point, ou si peu que cela peut être considéré comme insignifiant, ce qui par l'économie de l'entretien qui en résultera *serait seul de nature à faire adopter ce nouveau système.*

Le prix de revient d'un bandage en caoutchouc, la seule pièce qui puisse exiger un renouvellement, sera d'un peu plus du tiers du prix d'un rouleau en gutta-percha ou en caoutchouc durci.

Si l'on ajoute à cet avantage que mon bandage aura une durée pour le moins double de celle des rouleaux en gutta-percha ou en caoutchouc durci, l'économie que les filatures pourront faire de ce chef sera *cinq sixièmes* de la dépense ordinaire, ce qui pour certains établissements équivaudra à des sommes considérables.

En résumé, mon système se compose d'un bandage en caoutchouc appliqué sans attaches fixes au rouleau et cependant restant immobile sous l'impulsion du cylindre avec lequel il est en contact, uni à sa périphérie et cependant se cannelant sous la pression du cylindre en cuivre, de manière à ne jamais contrarier la division de ses cannelures, ce qui évite une cause considérable de perturbation dans l'économie du travail ; mou et élastique, très-durable, se remplaçant avec facilité sans perte de temps ni de matière, le corps du rouleau restant toujours le même, et le caoutchouc ne perdant que par son usure, mais par aucune parcelle détachée par cassure, et s'appliquant enfin sur toute substance formant le corps du rouleau.

Finalement, je revendique comme étant mon intention et ma propriété en m'en réservant l'exploitation exclusive :

1° Le bandage ou bague en caouchouc vulcanisé mou, applicable aux rouleaux des métiers à filer le lin et fixé comme il est dit ci-dessus ;

2° La rainure ou les rainures circulaires formées sur la périphérie du corps des cylindres ou rouleaux pour fixer le bandage sans lui donner d'autres points d'attache.

Me réservant d'ailleurs de faire à mon système toutes les améliorations que sa pratique et son étude me suggéreraient.

Toutes les pièces composant mon rouleau seront marquées à mes initiales et toute contrefaçon sera rigoureusement poursuivie.

Désirant me garantir contre les écarts de tout fournisseur peu soucieux du succès de mon entreprise, j'ai décidé de fabriquer moi-même aussi bien les rouleaux en bois que les bandages en caoutchouc. — A cet effet, je viens d'établir des ateliers spacieux et parfaitement montés qui me permettront de satisfaire très-promptement aux demandes les plus importantes.

J'ai le ferme espoir que MM. les Filateurs comprendront qu'il va de leur intérêt de faire l'application immédiate de mon système ; Afin d'obtenir des essais sérieux, je ne fournirai pas de rouleaux par quantités moindres que n'en comporte la garniture complète d'un métier.

III.

Rouleaux pour tables à étaler et étirages

Système Merchez.

Les rouleaux qui servent actuellement pour filatures se composent d'une, deux, trois ou cinq pièces, suivant la grandeur de leur diamètre et l'essence du bois employé. Ces pièces collées les unes contre les autres, forment le rouleau qui mis en œuvre, se décolle et se détériore rapidement, ce qui occasionne des remplacements fréquents, et par suite une dépense relativement considérable en perte de temps et matériel.

C'est pour obvier à ces inconvénients que M. Henri Merchez, tourneur en bois à Lille, a cherché à modifier l'assemblage et le collage des rouleaux pour filatures et il y est parvenu de la manière la plus satisfaisante. Voici en quelques mots, la description de son procédé, pour lequel il a pris un brevet d'invention.

On emploie des rouleaux depuis 0^m15 jusque 0^m75 et plus de diamètre ; l'épaisseur est proportionnelle au diamètre. M. Merchez a choisi pour les types que nous avons sous les yeux, un rouleau de 0^m30 de diamètre et 0^m10 d'épaisseur.

Le type N° 1 est composé de trois pièces assemblées à rainures et languettes parallèles à l'axe du rouleau, c'est-à-dire dans le sens de l'épaisseur de ce rouleau.

Les rainures et languettes forment des crémaillères qui s'adaptent parfaitement et qui doublent la surface du collage ; d'abord, comme dans les anciens rouleaux, collage perpendiculaire à l'axe et ensuite collage parallèle audit axe.

Les parties composant le rouleau peuvent se désagréger en glissant parallèlement et perpendiculairement à l'axe.

On peut augmenter ou diminuer le nombre des rainures et des languettes à volonté, les faire plus grandes ou plus petites.

Le type N° 2 est aussi composé de trois pièces assemblées à queues d'hérondes parallèles à l'axe, c'est-à-dire dans le sens de l'épaisseur du rouleau. La surface du collage est doublée comme pour le type N° 1.

Les parties du rouleau ne peuvent se désagréger qu'en glissant parallèlement entre elles et à l'axe du rouleau.

On peut augmenter les queues d'hérondes ou les diminuer, les faire plus grandes ou plus petites à volonté.

H. T.

IV.

Enduit Scellos

pour l'adhérence des courroies de transmission dans les filatures.

Un grand nombre d'industriels maintiennent leurs courroies sur les poulies de transmission au moyen de la résine, mais, nous savons que quelques-uns sont plus satisfaits d'un enduit fabriqué par MM. Scellos, Domange et Cie, de Paris. Comme nous ne pouvons faire connaître la composition tenue secrète de cette substance, nous indiquerons en quelques lignes ses avantages et son mode d'emploi.

Cet enduit a la propriété remarquable d'augmenter à un haut degré et de maintenir constamment l'adhérence des courroies et cordes de transmission aux poulies. La résine à l'inconvénient de brûler et de durcir le cuir, tandis que cet enduit maintient la souplesse, nourrit et conserve les courroies qui, par suite de la grande fatigue, doivent être parfaitement entretenues.

Les avantages obtenus sont réels : augmentation considérable de la résistance et de la durée des courroies, bénéfice de force, et en outre diminution de frottement des arbres dans leurs supports, car les courroies imprégnées de cet enduit n'ont pas besoin d'être aussi fortement tendues.

Avant d'employer cet enduit, il est nécessaire de racler soigneusement les courroies qui auraient été durcies par l'emploi de résine ou autres matières.

Dans le cas où les courroies n'ont pas été enduites de résine, il suffit d'appliquer l'enduit au moyen d'une brosse pendant la marche des transmissions, sur l'une des poulies, jusqu'à ce que la courroie et l'autre poulie en soient également recouvertes.

Au bout de quelques minutes, l'enduit a pénétré dans le cuir ; il sera très-facile de se convaincre de son action.

V.

Classification des Lins russes

Les principaux sont ceux d'Archangel, Saint-Pétersbourg et Riga.

Les lins d'Archangel sont généralement d'un beau gris argenté, quelquefois roux. Les districts qui les fournissent sont ceux de Vologda, d'Ustjuga, de Jaroslaff, de Kama, de Totma et de Viatka. On les classe par ordre de qualité, de la manière suivante : — 1re Couronne, — 2e Couronne, — 3e Couronne, — 4e Couronne.— Zabrack.— Ils nous arrivent par mer, en balles de 250 kilogs environ.

Les lins de Saint-Pétersbourg sont de deux sortes :

1° Les lins Slanetz (rouis sur terre, façon Archangel. — On les divise en : 1re Couronne, — 2e Couronne, — 3e Couronne, — 4e Couronne. — Zabrack, — dont les principaux genres sont les Vologda, les Jaroslaff, les Rjeff, le Melinky, les Bezhestky, les Ouglich. — Ils nous viennent par mer et par chemin de fer, en balles de 250 kilogs environ.

2° Les lins blancs (rouis à l'eau), qui se classent sans distinction de couleur en 12 têtes, 9 têtes et 6 têtes, et dont les principaux genres sont les Pskoff, les Louga, les Soletzky. — Ils nous arrivent par les mêmes voies que les Slanetz, mais en fardeaux, du poids de 50 kilogs.

Les lins de Riga sont les plus employés, ils nous arrivent de ce port par mer ou par chemin de fer. On les désigne par des initiales connues et qui représentent la première lettre des mots russes qui les désignent : (K *Kron*, WFPK *Weiss fein puik kron*, D *Dreiband*, etc.) Vu leur importance, nous allons donner l'énumération de chacune de ces marques avec leur signification française :

K 1	Couronne.
PK	Choix Couronne.
FPK ordinaire	Beau choix Couronne ordinaire.
HFPK d°	Clair, beau choix Couronne ordinaire.
WFPK d°	Blanc, beau choix Couronne ordinaire.
GFPK d°	Gris, beau choix Couronne ordinaire.
FPK portugais	Beau choix Couronne Portugais.
HFPK d°	Clair, beau choix Couronne Portugais.
WFPK d°	Blanc, beau choix Couronne Portugais.
GFPK d°	Gris, beau choix Couronne Portugais.
FPK portugais Otbornoy	Beau choix Couronne Portugais Otbornoy
HFPK d°	Clair, beau choix Couronne dito.
WFPK d°	Blanc, beau choix Couronne dito.
GFPK d°	Gris, beau choix Couronne dito.
SWFPK	Espagnol blanc, beau choix Couronne.
W 2 (*Wrack*)	Wrack.
PW d°	Choix Wrack.
HPW d°	Clair, choix Wrack.
WPW d°	Blanc, choix Wrack
D 3 (*Dreiband*)	Trois-liens.
PD	Choix trois-liens.
SD (*Slanetz*)	Rouis-sur-terre trois-liens.
PSD d°	Choix rouis-sur-terre trois-liens.
DW 4	Trois-liens Wrack.
HD 2 (*Hoff*)	Livonie trois-liens.
PHD d°	Choix Livonie trois-liens.
WPHD d°	Blanc, choix Livonie trois-liens.
FPHD d°	Beau choix Livonie trois-liens.
WFPHD d°	Blanc, beau choix Livonie trois-liens.
FPHD portugais (*Hoff*)	Beau choix Livonie trois-liens Portugais
WFHHD d° d°	Blanc, beau choix Liv. trois-liens dito.
LD 3 (*Livonie*)	Livonie trois-liens.
PLD d°	Choix Livonie trois-liens.

Les lins de Riga nous arrivent en balles de 162 kilogs environ.

Les lins de Gorikolno portent les mêmes marques que les Riga et sont supérieurement braqués.

Les lins de Pokoff sont aussi marqués spécialement (D 12 têtes, bon ordinaire ; OD 12 têtes, ordinaire ; PW 9 têtes, supérieur, W, etc.), mais ils ont beaucoup moins d'importance ; ils nous arrivent toujours par voie ferrée, et en vrac.

Les lins de Kœnigsberg sont généralement mal braqués, on les marque FWPCM, FGPCM, FLPCM, WPCM, LPCM, FPCM, PCM, P 1, P 2, etc., mais leur classement varie suivant les années.

Les lins de *Reval* et *Pernau* nous viennent tous deux par mer et portent chacun les mêmes marques (G, R, HD, D, OD, etc.)

Les lins de *Dunabourg* nous arrivent par chemin de fer, ceux de *Narva* par mer ou chemin de fer, ceux d'*Ostrow* par chemin de fer, ceux de *Memel* (Allemagne) par mer.

FIN.

TABLE DES MATIÈRES.

LILLE. IMP. CAMILLE ROBBE.

www.ingramcontent.com/pod-product-compliance
Ingram Content Group UK Ltd.
Pitfield, Milton Keynes, MK11 3LW, UK
UKHW020551180726
13838UKWH00001B/164